*Rudolf Marten/Dorina Rechter*

# KONTROLLIEREN SIE IHRE BANK

*Das Beste für Ihr Geld*

D1668621

**SÜDWEST**

# INHALT

## Der Kredit – für die Banken ein gutes Geschäft . . . . . . . . . . . . . . . . . . . . . . . . . . . 37

## Durchblick bei der Immobilienfinanzierung . . . . . . . . . . . . . . . . . . 69

3

## Rechtsstreit ums Geld  196

# VERTRAUEN IST GUT – KONTROLLE IST BESSER

Dieses viel zitierte Sprichwort lässt sich wohl kaum besser anwenden als auf die Banken- und Sparkassenwelt. Je besser die Geschäfte für die Kreditinstitute laufen, desto schlechter muss zwangsläufig das Geschäft für den Kunden sein. Eine objektive und faire Beratung kann (und darf!) deshalb niemand von einem Geldinstitut erwarten.

Misstrauen gegenüber Angeboten von Allfinanz-Konzernen

Doch was ist ein gutes Geschäft? Die Verwirrung des Verbrauchers wächst durch die Bildung von großen Verbundunternehmen, den so genannten Allfinanz-Konzernen: Banken, Versicherungen und Bausparkassen operieren zunehmend unter einem Dach. Im Klartext: Der Bankberater kann alle Finanzprodukte aus einer Hand verkaufen. Für den arglosen Kunden vergrößert sich damit die Gefahr, schlechte Kredite, Anlagen oder Versicherungen im Paket nicht zu erkennen. Und je argloser der Kunde ist, desto leichter kann man ihm das Produkt aufschwatzen, das dem Unternehmen den größten Gewinn und dem einzelnen Mitarbeiter die meisten Bewertungspunkte für den beruflichen Aufstieg und/oder die Erfolgsprovisionen bringt.

Nirgendwo kann eine einzige falsche Entscheidung so viel Geld kosten wie bei Geschäften mit Banken und Sparkassen. Dieses Buch soll jedem Bankkunden helfen, hinter die Kulissen zu schauen und die Geschäftspraktiken der Geldinstitute objektiv zu beurteilen. Das Buch zeigt unter anderem, wie man selbst die Angebote der Banken und Sparkassen überprüfen kann, und gibt praktische Tipps und Hilfen zu den häufigsten Geldgeschäften. Außerdem verschafft es Durchblick hinsichtlich der Frage, wie gute und schlechte Anlagen im Vergleich abschneiden und wann Kredite überhaupt sinnvoll sind. Es geht ein auf die strittige Gebührenpraxis der Geldinstitute sowie auf die Haftung der Unternehmen bei falscher oder schlechter Beratung. Gerichtsurteile und

Musterbriefe helfen, Theorie in Praxis umzusetzen. Denn nun können Sie selbst überprüfen und feststellen, welche Ergebnisse bei Angeboten der Kreditinstitute realistisch sind und welche Differenzen sich selbst bei kleinsten Zins- oder Renditeabweichungen ergeben.

Aus Unwissenheit, Erfahrungsmangel und übertriebenem Respekt bekommt die Geldbranche noch immer so viel Vertrauensvorschuss von ihren Kunden wie kein anderer Wirtschaftszweig in unserem Land – zu viel. Der »Bankbeamte« von gestern ist längst abgelöst worden von knallharten Verkäufern, die nicht anders als raffgierige Gemüsehändler auf dem Wochenmarkt arbeiten: Je mehr faule Tomaten man dem Kunden unterjubeln kann, desto lauter klingelt die eigene Kasse.

Es ist bezeichnend, das ein durchschnittlicher Bankkunde in Deutschland nur alle 20 Jahre sein Haupt-Geldinstitut, seine »Hausbank«, wechselt. Dieser Umstand nämlich führt dazu, dass sich Banken um ihre bisherigen Kunden gar nicht besonders bemühen müssen. Nur wer vor jedem Geldgeschäft knallhart vergleicht, mit mehreren Geldinstituten verhandelt, für Anlagen hier, für Kredite dort und fürs Girokonto wieder woanders ein Konto eröffnet, kann sich ein Maximum an Vorteilen verschaffen. Denn kein Institut bietet auf allen Gebieten Vorteile: Wo das Girokonto zum Nulltarif angeboten wird, sind oft Dispokredite erheblich teuer als bei der Konkurrenz. Wo für Anlagen mit besonders hohen Zinsen geworben wird, zahlt man andererseits meistens bei Darlehen kräftig drauf.

*Vergleiche lohnen sich und schaffen Vorteile*

Dieses Buch will Ihnen helfen, gesundes Misstrauen zu entwickeln und jedem Kreditinstitut kritisch zu begegnen. Nur so können die Geschäfte mit Banken oder Sparkassen auch für Sie zu einer lohnenswerten Sache werden.

*Die Autoren*

# HINWEISE ...

## ... für die praktische Arbeit mit unseren Musterbriefen

Überall dort, wo in den Mustern drei Auslassungspunkte

...

vorgegeben sind, ist von Ihnen selbst etwas einzutragen. Der
*(kursive Text in den Klammern)*
gibt Ihnen genaue Hinweise oder Beispiele für die einzuset-
zenden Passagen.
In vielen Mustern weist ein Sternchen

*

auf Absätze und Textpassagen hin, die wahlweise zu verwenden sind. Suchen Sie sich dann den jeweils mit * ge-
kennzeichneten Absatz heraus, der auf Ihren persönlichen
Fall zutrifft, andere Absätze sind entsprechend wegzulassen.

## ... zu den von uns zitierten Urteilen

Die Urteile, auf die in diesem Buch verwiesen wird, werden
von uns in einer Kurzfassung wiedergegeben. Sie wurden
zum besseren Verständnis redaktionell überarbeitet und
können bei der Beschränkung auf wenige Sätze nicht alle
Umstände einer im Original mehrere Seiten umfassenden
Entscheidung und ihrer Begründung berücksichtigen. Es
kann deshalb im Einzelfall sinnvoll sein, das gesamte Urteil in
voller Länge zu berücksichtigen und auszuwerten.

Wiedergabe
von Urteilen
nur in Kürze

Alle Urteile können unter Angabe der Aktenzeichen bei den
Geschäftsstellen der jeweils genannten Gerichte im Original
angefordert werden – gegen Erstattung der Schreib- bzw.
Kopierkosten. Soweit bekannt, haben wir das Datum der
Veröffentlichung angegeben, entweder als vollständiges
Datum oder in Kurzform mit Hinweis auf Monat und Jahr,
die dem Aktenzeichen nach dem Bindestrich angefügt sind.

## Abkürzungen

| | |
|---|---|
| AG | Amtsgericht |
| AGBG | Gesetz zur Regelung des Rechts der Allgemeinen Geschäftsbedingungen |
| BAföG | Bundesausbildungsförderungsgesetz |
| BGH | Bundesgerichtshof |
| BGHZ | Entscheidungssammlung in Zivilsachen des Bundesgerichtshofes |
| BVerfG | Bundesverfassungsgericht |
| LG | Landgericht |
| MDR | Monatszeitschrift für deutsches Recht |
| NJW | Neue Juristische Wochenschrift |
| NJW RR | NJW-Rechtsprechungsreport Zivilrecht |
| OLG | Oberlandesgericht |
| ZIP | Zeitschrift für Wirtschaftsrecht |

# BEIM GIROKONTO FÄNGT DIE KONTROLLE AN

Das Girokonto ist für alle Geldinstitute der Schlüssel für weitere Bankgeschäfte. Und für die Kunden ist das Girokonto mittlerweile unentbehrlich geworden. Laufende Verpflichtungen wie Miete, Strom, Gas, Wassergeld, Müllabfuhr, Steuern und Versicherungsbeiträge, werden entweder durch »Dauerauftrag« oder per »Bankeinzug« bezahlt. Aber auch einmalige Zahlungen werden sehr oft bargeldlos geleistet; Euroscheck, Kreditkarten und Überweisungen kommen hier zum Einsatz.

*Fast jeder hat heute ein Girokonto*

Das Gleiche gilt für Gehälter, Löhne und Renten ebenso wie Arbeitslosengeld, Sozialhilfe, Wohngeld und BAföG. Diese Gelder werden auf das Girokonto überwiesen, und kein Arbeitgeber wäre heutzutage mehr zu Barauszahlungen von Arbeitsentgelten bereit.

Mit der Führung des Girokontos schafft jedes Kreditinstitut eine Bindung zwischen sich und dem Kunden. Dadurch wird den Banken und Sparkassen der Zugang zu anderen Geschäften erleichtert.

Und diese Rechnung geht auch vielfach auf, denn es ist tatsächlich so, dass bei Fragen von Geldanlagen oder Krediten sich die meisten Menschen in aller Regel zuerst an ihre »Hausbank« wenden und sich nicht auf dem Markt umschauen. Doch davon ist dringend abzuraten.

**Wichtig:** Der Vergleich von Kredit- und Anlagekonditionen lohnt sich in jedem Fall für den Bankkunden. Denn häufig hat die eigene Hausbank hier nicht die günstigsten Angebote.

Es empfiehlt sich also in jedem Fall, mehrere Geldinstitute aufzusuchen und sich das für das jeweilige Geldgeschäft Beste zusammenzustellen.

# ÜBERPRÜFEN SIE IHRE KONTOGEBÜHREN

Bei den Kontoführungsgebühren macht jedes Kreditinstitut ebenfalls seine eigenen Preise. Ein Vergleich lohnt sich deshalb auch hier. Schließlich können Kontoführungsgebühren in der Haushaltsplanung einen beachtlichen Posten einnehmen. Neben den Zinsen, die durch gelegentliche Überziehungen anfallen, können Gebühren in beträchtlicher Höhe auf den Kontoinhaber zukommen. So fallen zum Beispiel innerhalb der Familie für ein gemeinsam genutztes Girokonto Gebühren in Höhe von 30, bis 50, DM jedes Quartal an – ohne Überziehungszinsen. Die Preise allerdings variieren. So gibt es auch Geldinstitute, die ein kostenfreies Girokonto anbieten, oft allerdings mit der Einschränkung, dass regelmäßig ein bestimmter Geldbetrag eingeht.

*Die Gebühren für ein Girokonto sind unterschiedlich*

Viele Kunden wissen jedoch gar nicht, wie viel Geld die Banken mit den Kontogebühren so nebenbei kassieren. Denn die Gebührenerhebung ist für den Kunden recht kompliziert, manchmal sogar undurchsichtig und damit schwer nachvollziehbar. Doch das sollte niemanden daran hindern, den Vergleich zu starten. Mit der folgenden Checkliste können Sie sich leicht einen Überblick verschaffen.

### Checkliste: Wie viel Kontogebühren zahlen Sie pro Monat?

**Schritt 1:** Tragen Sie hier die Werte aus der Abrechnung Ihres Geldinstituts ein

| Buchung | Zahl der Vorgänge | Gebühr bei Einzelabrechnung |
|---|---|---|
| Gehalt/Rente | | |
| Kindergeld | | |
| andere Eingänge | | |
| Miete | | |
| Strom | | |
| Wasser | | |

| | | |
|---|---|---|
| Telefon | | |
| Zeitung | | |
| andere regelmäßige Zahlungen | | |
| Einzel-Überweisungs-aufträge | | |
| Gebühr für Scheck-zahlung/Kauf mit Scheck-karte | | |
| Gebühr/Porto für Tagesauszüge | | |
| Wochenauszüge | | |
| **Ergebnis 1: Einzelabrechnung** | | |
| **Schritt 2:** Tragen Sie hier ein, wie viel Ihr Geldinstitut als Konto-führungspauschale berechnet | | |
| **Ergebnis 2: Gebührenpauschale** | | |
| **Ergebnis – Ermittlung der preiswertesten Möglichkeit** Wenn Sie bisher eine Pauschale zahlten, können Sie anhand von Schritt 1 die Gebühren bei Einzelabrechnung ermitteln. Wird's dadurch billiger? Wenn Sie bisher Einzelabrechnung gewählt hatten, können Sie leicht erkennen, ob der Wechsel zu einer Pauschale Ihnen Vorteile bringt. | | |

**Ein Wechsel der Bank kann sinnvoll sein**

Anhand der Einzelabrechnung oder der Gebührenpauschale können Sie nun die Preise Ihres Kreditinstituts mit anderen vergleichen. Wenn Sie eine Bank oder Sparkasse mit günstigeren Konditionen finden, sollten Sie unbedingt wechseln – auch wenn damit etwas Arbeit verbunden ist. Viele regen sich über die Gebühren ihres Geldinstituts auf, aber nur wenige wechseln Girokonto und Anbieter.

## KOSTEN SPAREN BEI KONTOGEBÜHREN

Eine einheitliche Regelung zur Erhebung von Kontofüh-rungsgebühren durch die Banken, wie sie von den Verbrau-cherverbänden schon seit Jahren gefordert wird, gibt es zur Zeit nicht.

Und auch die Vergleiche der ansonsten durchaus empfehlenswerten Zeitschrift *Finanztest* von der *Stiftung Warentest* bringen dem Bankkunden nicht viel. Denn das angeführte günstigste Institut und der eigene Wohnort liegen häufig weit auseinander. Man ist also gezwungen, in seiner Umgebung ein wenig selber zu recherchieren, das Kreditinstitut mit den besten Konditionen allein zu suchen.

---

**Expertentipp**

Viele Geldinstitute bieten Gebührenersparnis, wenn der Kunde am Online-Banking teilnimmt, seine Verfügungen elektronisch an die Bank schickt. Danach sollte man sich in jedem Fall erkundigen. Außerdem sollte man in seine Preisvergleiche auch reine Direktbanken einbeziehen, bei denen alle Verfügungen nur per Telefon, Fax oder elektronisch getroffen werden. Zur Gebührenersparnis kommen da oft noch bessere Konditionen für Anlagen (etwa auf Girokonten) oder auch bei Krediten hinzu.

*Vorteile durch Online-Banking*

Aber: Auch mit Online-Banking lässt sich nur sparen, wenn man genau weiß, welche Leistungen in welcher Menge man von der Bank in Anspruch nehmen will.

---

Dieser Check ist allerdings nicht ganz einfach, denn die Preise für die einzelnen Serviceleistungen sind oft sehr verwirrend. Der Preisaushang im Schalterraum, zumeist eher versteckt angebracht, ist oftmals sehr dürftig. Die Angaben auf den Kontoabrechnungen fassen darüber hinaus die einzelnen Positionen pauschal zusammen und zeigen kaum, wie hoch die Gebühren für die einzelnen Positionen sind.

*Erhebliche Preisunterschiede für die gleiche Leistung*

Je nach Anbieter können die Kosten eines Kontos im besagten Zeitraum mit entsprechenden Bewegungen zwischen 0,– und über 50,– DM betragen. Noch höhere Kosten entstehen, wenn man Barabhebungen bei Automaten von Fremdinstituten tätigt, die Scheckkarte erneuert werden muss, Daueraufträge zu ändern sind und, und, und …
Folgende Tipps helfen, die Kosten einzuschränken:

**Checkliste: So sparen Sie Kontoführungs-gebühren**

▶ Konten zusammenlegen, nicht mehrere Konten pro Person oder für einen Haushalt führen

▶ Stellen Sie fest, ob Einzugsermächtigungen statt kostenpflichtiger Daueraufträge vorteilhafter sind

▶ Prüfen Sie, ob die Barauszahlung bei Ihrem Institut am Schalter oder am Automaten günstiger ist

▶ Nicht bei fremden Instituten Einzahlungen aufs eigene Konto oder Abhebungen (Scheck, Automat) vornehmen

▶ Auszüge selbst ausdrucken und abholen oder nur Monatsauszüge per Post verlangen

▶ Nicht einfach die Kontoführungspauschale akzeptieren, sondern Buchungsposten nachzählen und prüfen, ob bei durchschnittlicher Nutzung eine Einzelabrechnung billiger wäre

## IHRE RECHTE BEIM BARGELDLOSEN ZAHLUNGSVERKEHR

Bargeldlose Zahlung

Im Rahmen des »bargeldlosen Zahlungsverkehrs« gibt es verschiedene Möglichkeiten, Geld vom Konto des Zahlungspflichtigen auf das Konto des Zahlungsempfängers zu übertragen. Das kann per Überweisung oder Lastschrift erfolgen, über das Ausstellen eines Schecks, via Scheck- oder einfach per Kreditkarte.

Wir haben diese bargeldlosen Zahlungsmöglichkeiten einmal näher unter die Lupe genommen und geprüft, wo Sie Ihre Bank auf jeden Fall kontrollieren sollten.

### Die Überweisung

Wenn Sie Ihrem Kreditinstitut einen Überweisungsauftrag erteilen, dann ist es verpflichtet, diesen auszuführen. Dabei sind Banken und Sparkassen streng an die Vorgaben ihres Kunden gebunden.

*Beispiel:* Der Empfänger der Überweisung führt mehrere Konten bei einer Bank. Das Geldinstitut darf sich nicht einfach ein Konto aussuchen und das Geld darauf überweisen. Es muss sich streng an das in der Überweisung angegebene Empfängerkonto halten.

Für den Auftraggeber einer Überweisung ist es wichtig, dass der Name auf dem Zahlungsbeleg deutlich genannt ist. Die Bank des Empfängers ist dann dafür verantwortlich, dass auch bei versehentlich falsch geschriebener Kontonummer die Zahlung auf das richtige Konto erfolgt. Im Zweifelsfall muss sich die Bank beim Auftraggeber rückversichern und um Bestätigung von Kontonummer bzw. Empfänger bitten. Im Zusammenhang mit Überweisungen gibt es ein sehr wichtiges Recht: Eine Überweisung kann vom Kunden gestoppt werden – auch an diesen Auftrag ist die Bank gebunden – allerdings nur im Rahmen ihrer Möglichkeiten. Das bedeutet im Klartext: Solange das Geld dem Empfänger noch nicht gutgeschrieben worden ist, kann der Auftraggeber den Überweisungsauftrag widerrufen.

*Eine Überweisung kann widerrufen werden*

Diese Möglichkeit ist dann interessant, wenn man zum Beispiel merkt, dass die gelieferte Ware Mängel enthält. Ist allerdings das Geld bereits beim Empfänger verbucht, dann ist es zu spät. Nun muss der Bankkunde sehen, wie er sein Geld vom Gläubiger zurückbekommt.

---

**Musterbrief: Buchungskorrektur**

... *(Absender)*                              ... *(Datum)*

An ... *(das Geldinstitut)*

Betrifft: Kontonummer ... *(Nummer)* – Buchung in Höhe von DM (oder EUR) ... *(Betrag)* vom ... *(Datum)*

Sehr geehrte Damen und Herren,

---

die Ihnen zur vorgenannten Buchung eingereichte Überweisung wurde von Ihnen nicht korrekt ausgeführt. Die Überweisung wurde auf ein anderes als das von mir vorgegebene Konto vorgenommen. Ihnen ist bekannt, dass Abweichungen von den schriftlichen Anweisungen auf dem Überweisungsträger der ausdrücklichen Genehmigung des Unterzeichners bedürfen.

Ich fordere Sie auf, die Buchung schnellstmöglich valutarichtig zu korrigieren und den Betrag zu überweisen auf das Konto mit der Nummer … *(Nummer und Bankleitzahl)*, Kontoinhaber ist … *(Name).*

Sollten mir durch die von Ihnen falsch ausgeführte Buchung Nachteile entstehen, weise ich vorsorglich darauf hin, dass ich Sie gegebenenfalls wegen der eintretenden Schäden haftbar machen werde.

Mit freundlichen Grüßen


… *(Unterschrift)*

## Musterbrief: Rückforderung einer falschen Überweisung

… *(Absender)*                … *(Datum)*

An … *(Empfänger der falschen Überweisung)*

Betrifft: Falsche Überweisung zu Ihren Gunsten vom … *(Datum)*

Sehr geehrte Damen und Herren,

durch einen Irrtum ist Ihnen am … *(Datum)* auf Ihrem Konto mit der Nummer … *(angeben)* bei … *(Geldinstitut)* ein Betrag in Höhe von … *(Betrag)* DM (oder EUR) gutgeschrieben worden.

Die Überweisung von meinem Konto mit der Nummer … (angeben) bei … *(Geldinstitut)* erfolgte, ohne dass ein Zahlungsanspruch Ihrerseits vorliegt. Ich möchte Sie deshalb höflich um Rücküberweisung des Betrages bitten.

Ich bedanke mich für Ihre Mühe und bitte, den Ihnen entstandenen Aufwand zu entschuldigen.

Mit freundlichen Grüßen

… *(Unterschrift)*

Einfach und bequem ist der Dauerauftrag. Für regelmäßige, wiederkehrende Zahlungsverpflichtungen bieten die Banken diese kundenfreundliche Überweisungsform an. Der Kunde braucht nur einmal die Überweisungsdaten bei der Bank zu hinterlegen, und die Bank sorgt dann pünktlich dafür, dass die Überweisung ausgeführt wird.

**Achtung:** Die Bank ist nur verpflichtet, den Dauerauftrag auszuführen, wenn das Konto des Auftraggebers auch eine entsprechende Deckung aufweist bzw. wenn dem Bankkunden ein entsprechender Überziehungskredit eingeräumt worden ist.

Der Dauerauftrag gehört allerdings nicht unbedingt zu den preiswertesten Lösungen, weil für Einrichtung und Änderung oft eine einmalige Gebühr verlangt wird. Für jede Ausführung wird außerdem fast immer eine Buchungsgebühr berechnet.

Kostenintensiver Dauerauftrag

**Musterbrief: Widerruf eines Dauerauftrags**

… *(Absender)* … *(Datum)*

An … *(das Geldinstitut)*

Betrifft: Widerruf des Dauerauftrages … *(genau beschreiben)* zu Konto … *(angeben)*

Sehr geehrte Damen und Herren,

ich hatte Ihnen am … *(Datum)* bezüglich meines bei Ihnen geführten Kontos mit der o. a. Nummer den oben näher beschriebenen Dauerauftrag erteilt. Ich widerrufe den Dauerauftrag
\* mit sofortiger Wirkung.
\* zum … *(Datum)*, so dass er letztmalig am … *(Datum)* auszuführen ist.

Mit freundlichen Grüßen

… *(Unterschrift)*

## Ausgewählte Urteile zum Themenkreis Überweisungen

### Geldinstitut haftet bei gefälschter Unterschrift
Eine Bank muss auch dann die Richtigkeit der Unterschrift auf einem Überweisungsträger prüfen, wenn es sich um ein vorgedrucktes und schon mit der Kontonummer versehenes Formular handelt. Der von einem Betrug betroffene Kunde muss allerdings nachweisen, dass er die Formulare sorgfältig verwahrt hat (Bundesgerichtshof, XI ZR 238/94).

### Kein Schadenersatz bei Missbrauch einer Vollmacht
*Konto-vollmacht*
Wer anderen eine Kontovollmacht erteilt, geht ein erhebliches Risiko ein. Er sollte zumindest von Zeit zu Zeit überprüfen, ob damit noch alles seine Richtigkeit hat. Sollte die Vollmacht nämlich missbräuchlich genutzt und mit Überweisungen das Konto leer geräumt werden, bestehen keine

20

Schadenersatzansprüche gegen die Bank. Sie muss auszahlen, sobald eine gültige Vollmacht vorgelegt wird, und ist nicht verpflichtet, beim Kontoinhaber zurückzufragen. Nur wenn der Bevollmächtigte in »ersichtlich verdächtiger Weise« handelt und die Bank nicht darauf reagiert (kaum nachzuweisen!), trifft sie ein Mitverschulden (BGH, XI ZR 239/93).

**Auftraggeber muss seine Identität preisgeben**
Wer unter einem falschen oder einem Phantasienamen bei der Bank Geld abheben, einzahlen oder überweisen will, muss nicht bedient werden. Die Bankmitarbeiter müssen in solchen Fällen befürchten, dass es sich um eine Steuerhinterziehung handelt, und sind deshalb nicht verpflichtet, die Aufträge eines Kunden mit dem Namen »Dagobert Duck« auszuführen (BVerfG, 2 BvR 396/94).

## Lastschrift bzw. Bankeinzug

Viele Geldempfänger (Gläubiger) verlangen von den Zahlungspflichtigen (Schuldnern) eine Einzugsermächtigung. Versicherungen und Energieversorgungsunternehmen beispielsweise bevorzugen die eigenmächtige Abbuchung vom Konto des Schuldners.

*Einzugsermächtigung*

**Achtung:** Verlassen Sie sich nicht darauf, dass Ihr Kreditinstitut immer korrekt überprüft, inwieweit dem Gläubiger tatsächlich eine Einzugsermächtigung vorliegt.
Manche Banken und Sparkassen vertrauen den Angaben des Gläubigers. Überprüfen Sie genau, ob auch wirklich nur diejenigen Personen bei Ihnen abbuchen, die Sie dazu ermächtigt haben.

In der Presse wird immer wieder über Fälle berichtet, in denen Betrüger Geld von Konten abgebucht haben. Für den arglosen Kontoinhaber bedeutet das: Jeder Gauner, der Ihre Kontonummer und Ihren Namen kennt, kann über falsche Einzugsermächtigungen Ihr Konto plündern!

Normalerweise sollen die Banken zwar Lastschriften genau kontrollieren, aber das klappt nicht immer. Schützen kann man sich vor solchen Kontenplünderungen nur dadurch, dass man jede Abbuchung auf dem Kontoauszug sofort kontrolliert.

**Achtung:** Hüten Sie Ihre Kontonummer wie Bargeld. Das ist der beste Schutz gegen Kontenplünderungen. Das gilt z. B. auch dann, wenn man sein Konto angeben soll, weil man angeblich in einem Preisausschreiben gewonnen hat – Vorsicht! Es könnte sein, dass jemand damit Ihr Konto abräumen will…

*Einer Abbuchung kann widersprochen werden*

Der Zahlungspflichtige hat zwar das Recht, der Abbuchung zu widersprechen, und die Bank muss dann diese stornieren. Die Widerspruchsfrist beträgt üblicherweise sechs Wochen. Allerdings sollte man so lange nicht warten. Denn wenn die Bank des Empfängers keine Erstattung von ihrem Kunden mehr verlangen kann, macht sich der Zahlungspflichtige unter Umständen schadenersatzpflichtig, weil er den verspäteten Widerruf zu verantworten hat. Viele Kunden »übersehen« die kleinen Abbuchungsposten auf ihren Kontoauszügen.

**Wichtig:** Wenn die Grundlage einer Einzugsermächtigung nicht mehr vorliegt, ist man gut beraten, diese schriftlich zu widerrufen. Dieses sollte immer per Einschreiben mit Rückschein erfolgen, damit Sie Ihren Widerspruch auch nachweisen können.

Wer diese Umstände berücksichtigt, kann auch den großen Vorteil der Einzugsermächtigung genießen: Er besteht darin, dass der Gläubiger für die rechtzeitige Abbuchung verantwortlich ist. So kann man nicht Gefahr laufen, durch verspätete Zahlung in Verzug zu kommen.

## Musterbrief: Lastschriftrückgabe an das Geldinstitut

… *(Absender)* … *(Datum)*

An … *(das Geldinstitut)*

Betrifft: Kontonummer … *(angeben)* – Lastschriftrückgabe

Sehr geehrte Damen und Herren,

unter dem Datum vom … *(Datum)* wurde von meinem oben angegebenen Girokonto ein Betrag in Höhe von … *(Betrag)* DM (oder EUR) eingezogen. Ich bitte um Rücknahme der Lastschrift und Rückabwicklung.

Die Erstattung des Betrages ist so zu valutieren, dass mir kein Zinsverlust entsteht.

* Außerdem bitte ich Sie um eine schriftliche Erklärung, wie es zu dieser nicht genehmigten Abbuchung kommen konnte. Ihre Stellungnahme erwarte ich bis zum … *(Frist einsetzen, angemessen sind zehn Tage nach Absendung des Schreibens)*.

Mit freundlichen Grüßen

… *(Unterschrift)*

## Ausgewählte Urteile zum Themenkreis Lastschriften

### Lastschrift-Rückgabe auch ohne Begründung

Eine Bank, die von ihrem Kunden zur Rücknahme einer Lastschrift aufgefordert wird, muss diesen Auftrag unverzüglich ausführen. Auch wenn der Kunde keine Gründe für die Rückgabe der Lastschrift nennt, muss die Bank das Geld wieder gutschreiben (BGH, II ZR 277/84 und XI ZR 141/88).

Rückgabe einer Lastschrift ist zwingend

**Bank haftet für die Rückbuchung**

Die Bank haftet für die Rückgabe des Geldes. Sie darf nicht mal prüfen, ob der Widerspruch ihres Kunden gegen die Lastschrift gerechtfertigt ist, sondern muss der Weisung des Kunden sofort folgen (LG Duisburg, 5 S 108/93).

## Scheckzahlungen

Die Zahlung per Scheck ist eine Alternative zur Barzahlung. Allerdings: Nicht jeder Gläubiger akzeptiert die Scheckzahlung. Es gibt sogar einige Länder, wie z. B. Frankreich, in denen Schecks als Zahlungsmittel nicht mehr anerkannt werden. Mittlerweile gilt der Euroscheck sogar schon als Auslaufmodell.

*Veralteter Euroscheck*

Tatsächlich ist niemand verpflichtet, einen Scheck als Zahlungsmittel zu akzeptieren. Tut er es dennoch, kann er sich dieses Entgegenkommen durch eine »Bearbeitungsgebühr« honorieren lassen.

Eine Schuld gilt ohnehin nicht schon mit der Übergabe des Schecks als bezahlt, sondern erst, wenn der Scheck von der Bank des Ausstellers (also des Zahlungspflichtigen) tatsächlich eingelöst worden ist. Auch hier gilt wie beim Dauerauftrag wieder, dass die Bank den Scheck nur einlösen muss, wenn auf dem Konto des Ausstellers ausreichende Deckung vorhanden ist.

Bei der Zahlung durch Schecks gibt es im Wesentlichen zwei Varianten: den Barscheck und den Verrechnungsscheck.

*Barscheck*

Beim Barscheck kann sich der Inhaber des Schecks auf Verlangen das Geld in bar auszahlen lassen. Eine Besonderheit des Barschecks ist der Euroscheck. Hier hat sich die Bank verpflichtet, diesen einzulösen, unabhängig von einer tatsächlich vorhandenen Deckung auf dem Konto des Ausstellers. Allerdings darf je ausgestelltem Scheck ein Betrag von z. Zt. 400,– DM nicht überschritten werden.

*Verrechnungsscheck*

Beim Verrechnungsscheck dagegen, häufig gekennzeichnet durch zwei parallele Querstreifen an einer Ecke des Schecks, darf die Einlösung nur auf ein Konto des Einreichers erfolgen. Der Vorteil für den Aussteller besteht darin, dass er den

Weg des Schecks zurückverfolgen kann. Dadurch kann der Missbrauch durch Scheckbetrüger weitgehend ausgeschlossen werden, auch ein Versand von Verrechnungsschecks per Post ist deshalb ohne großes Risiko.

---

### Expertentipp

Bei Vorlage eines Schecks ist die Bank verpflichtet, die Unterschrift auf dem Scheck zu überprüfen. Bei auffälligen Abweichungen von der hinterlegten Unterschrift muss die Bank die Einlösung des Schecks verweigern.
Zumindest aber muss sie sich beim Aussteller des Schecks vergewissern, ob dieser Scheck der Bank zu Recht vorgelegt worden ist.

---

Grundsätzlich kann man dadurch allerdings nicht verhindern, dass trotzdem Schecks verloren gehen oder gestohlen werden. Der Aussteller hat dann die Möglichkeit, diese Schecks sperren zu lassen. Löst die Bank einen Scheck trotz Sperre ein, geht der Schaden zu Lasten der Bank. *(Randnotiz: Schecks sperren)*

Allerdings trifft dieses nicht im vollen Umfang auf den Euroscheck zu. Bei Fälschungen und Missbrauch übernimmt die Bank nur einen Teil des entstandenen Schadens. Die Regelungen werden bei den einzelnen Bankgruppen aber ganz unterschiedlich gehandhabt. Man sollte deshalb die Einzelheiten der Haftungsbedingungen direkt bei der eigenen Bank erfragen.

---

**Scheckklau und -betrug** und vor allem das »Hochfälschen« durch Einfügen weiterer Ziffern sind beliebte Betrügertricks
Verschicken Sie keine Schecks, denn auf dem Postweg wurden bereits massenhaft Schecks aus Briefen gestohlen und dann von internationalen Banden über Auslandskonten eingelöst.

---

25

Und die Post haftet sowieso nie für normale Briefe. Die Bank haftet nur, wenn der Scheck trotz deutlicher Fälschungsspuren eingelöst wurde. Dann spricht man von grobem Verschulden. Kann man das nicht beweisen, muss man den Schaden selbst tragen.

## Ausgewählte Urteile zum Themenkreis Schecks

### Bank muss Kunden umfassende Scheck-Auskunft geben
Wer von der Bank überprüfen lässt, ob ein erhaltener Scheck wirklich gedeckt ist, muss sich auf diese Auskunft verlassen können. Platzt der Scheck, weil das Konto nicht gedeckt ist, hat er Anspruch auf Schadenersatz gegen die Bank. Im betreffenden Fall hatte die Bank nicht darauf hingewiesen, dass als Deckung für das Konto lediglich ein anderer Scheck vorlag, der noch nicht überprüft war (BGH, XI ZR 115/93).

### Bank muss Schecks über hohe Summen sorgfältig prüfen
Hat der Inhaber eines Girokontos viele Jahre stets nur Barschecks in der Größenordnung von 1.000,– DM sowie einmal jährlich über 5.000,– DM ausgestellt, so verletzt die Bank

*Sorgfalts-pflicht der Bank*

ihre Prüfungspflicht, wenn Unbekannte ihr Barschecks über 9.000,– DM und 13.000,– DM vorlegen, deren Unterschriften Auffälligkeiten gegenüber der hinterlegten Unterschrift des Kontoinhabers aufweisen und die Bank sich vor der Auszahlung nur die Ausweise der Einlöser zeigen lässt und Namen sowie Nummer und Ausstellungsort der Ausweise auf den Schecks notiert (LG Köln 3 O 601/91 23. 6. 1992).

### Wann Banken misstrauisch werden müssen
Ist der Kunde bekannt und weiß das Geldinstitut, dass er normalerweise nur einmal im Monat einen Barscheck über 1.000,– DM einlöst, muss die Vorlage von Barschecks über insgesamt 6.800,– DM an vier aufeinander folgenden Tagen den Bankmitarbeiter misstrauisch machen. Die Bank darf dann nur nach Rückfrage beim Kunden auszahlen oder muss zumindest die Personalien des Einreichers anhand eines amtlichen Dokuments feststellen (BGH, XI ZR 56/92).

## Scheck- und Kreditkarten

Der bequeme Einkauf wird heute durch das Zahlen per Scheck- oder Kreditkarte ermöglicht. Handelsunternehmen, Tankstellen und Restaurants bieten fast uneingeschränkt die Möglichkeit, mit den so genannten ec-Kassen (electronic cash) via Scheckkarte bargeldlos zu zahlen. Aber auch Kreditkarten sind ein gängiges Zahlungsmittel.

Beim Zahlen per Karte wird der Rechnungsbetrag dann direkt vom Konto abgebucht. Aber auch das Bargeld holt man sich überwiegend mit Scheckkarte und Geheimzahl – aus dem Geldautomaten. Aus Sicherheitsgründen wurden die Auszahlungen am Geldautomaten bei den Banken allerdings pro Tag auf 1.000,– DM begrenzt. Sollte jemand unbefugt mit einer Karte Geld holen wollen, so gibt es nicht mehr als 1.000,– DM.

Scheck- und Kreditkarte bringen dem Kunden einige Vorteile: Er ist unabhängig von Öffnungszeiten seines Kreditinstituts und muss nicht immer Bargeld für den Einkauf bei sich tragen. Dabei können Scheck- und Kreditkarten fast überall eingesetzt werden – in Deutschland und im Ausland.

*Zu jeder Zeit Geld*

> **Barauszahlungen im Ausland** sind allerdings oft mit saftigen Gebühren verbunden. Seit Frühjahr 1999 allerdings hat darauf auch die EU-Kommission ein wachsames Auge geworfen. Deshalb ist bei Auslandsgebühren mit aktuellen Änderungen zu rechnen.
> In jedem Fall sollten Sie bei Ihrer Bank nachfragen, wie hoch diese Gebühren sind, und Sie sollten diese mit anderen Instituten vergleichen.

Doch ebenso wie man Bargeld durch Diebstahl oder Nachlässigkeit verlieren kann, ist es möglich, dass die Scheck- oder Kreditkarte abhanden kommt. Und schon der Verlust der Karte kann tückisch sein. Denn es ist nicht unmöglich, die auf dem Magnetstreifen codierte Geheimnummer (PIN-Code) zu knacken.

27

Eine einheitliche Rechtssprechung dazu gibt es allerdings immer noch nicht. Manche Richter sehen die Schuld beim Besitzer, weil angeblich niemand ohne Geheimzahl Geld abheben könne. Andere Gerichte sind jedoch überzeugt, dass der Code durchaus zu knacken ist. Wichtig für Bestohlene: sofort Karte sperren lassen.

**Expertentipp**

Karten-
verlust

Für den Kartenverlust wurde speziell eine Hotline eingerichtet. Die Nummer lautet: 0 18 05/02 10 21 und ist rund um die Uhr geschaltet. Diese sollten Sie sofort anrufen, wenn Ihre Karte Ihnen abhanden gekommen ist, sonst verlieren Sie Ihren Anspruch auf Schadenersatz.

Kontrollieren Sie außerdem regelmäßig die Bewegungen auf Ihrem Konto. Bei unberechtigten Abbuchungen sollten sofort das Geldinstitut und die Kartengesellschaft informiert werden. Meist lässt sich (wegen des fehlenden Belastungsbelegs mit der Unterschrift des Kontoinhabers) der tatsächliche Sachverhalt beweisen.
Verfügt der Finder der Karte auch noch über die Geheimnummer, dann ist dem Missbrauch Tür und Tor geöffnet. Informieren Sie dann zusätzlich zur oben genannten Hotline Ihr Geldinstitut und die Polizei. Nur dann greift die Haftungsbegrenzung.

Karte und
Geheimnummer getrennt
aufbewahren

**Achtung:** Sollten der Verlust der Karte und Fremdabbuchungen jedoch durch »grobe Fahrlässigkeit« entstanden sein, z. B., weil Scheckkarte und Geheimnummer zusammen aufbewahrt wurden, muss normalerweise der Schaden selbst getragen werden.

**Beispiel:** *Lässt man seine Jacke mit Brieftasche und Scheckkarte während seiner Abwesenheit im unverschlossenen Büro* zurück, handelt es sich um einen Fall von grober Fahrlässigkeit. Kommt es zu unberechtigten Abbuchungen vom Konto, muss die Bank nicht zahlen.

## Ausgewählte Urteile zum Themenkreis Kreditkarten

### Maximale Barauszahlung nur mit Identitätsprüfung

Bankkunden müssen für Schäden, die bei unberechtigten Abhebungen vom Konto im Falle eines Verlustes der ec-Karte entstehen, unter Umständen selbst aufkommen. Die Bank darf das Risiko aber nicht abwälzen, wenn der Kunde den Verlust nur leicht fahrlässig zu verantworten hat und sie bis zum Kreditlimit ausgezahlt hat. Sie muss in diesen Fällen vom Inhaber der Karte außer der Unterschrift noch einen Ausweis als Identitätsnachweis verlangen. Das gilt jedenfalls dann, wenn die Unterschrift nicht mit Hilfe einer Musterunterschrift des Kunden geprüft werden kann (LG Frankfurt, 2/10 O 179/96 – 12/96).

### Auch die Bank darf die Kreditkarte nicht mit PIN-Code bekommen

Bei Kreditkarten-Rückgabe dürfen PIN-Nummer und Kreditkarte nicht zusammen in einem Briefumschlag in den Hausbriefkasten einer Bank geworfen werden – auch dann nicht, wenn die Nummer noch im ungeöffneten Umschlag steckt. Der Kunde haftet sonst zur Hälfte, selbst wenn ein Bankangestellter mit der Karte Abhebungen vornimmt (OLG Hamm, 31 U 60/97 – 12/97).

*Rückgabe der Kreditkarte*

### Geldinstitut muss beim Raub der Kreditkarte haften

Beim Scheckkartenbetrug klaut der Gauner die Karte und hebt dann mit dem PIN-Code (der ausspioniert oder entschlüsselt werden kann) unbefugterweise Geld vom Konto des Inhabers ab. Hier entscheiden die Gerichte noch uneinheitlich, ob die Bank den Schaden zu tragen hat oder der Kunde wegen Fahrlässigkeit haftet.

Bei einem Raub dagegen liegt die Haftungsfrage anders, weil Fahrlässigkeit ausgeschlossen ist. Wird der Inhaber unter Gewaltanwendung bzw. -androhung gezwungen, Karte und Geheimzahl herauszugeben, dann ist die Bank dazu verpflichtet, den Schaden zu ersetzen (AG Frankfurt/M., 30 C 1391/98-75 – 10/98).

## Die Sache mit den Buchungsdaten und Wertstellungsterminen

Wie wir eingangs schon erwähnten, benutzen die Banken das Girokonto als Ausgangsbasis zu weiteren Geschäften, sowohl im Anlagebereich als auch im Kreditbereich. Wer hat nicht schon einmal sein Konto überzogen und ist damit zum Kreditnehmer bei der Bank geworden? Das wäre nicht weiter schlimm, wenn es bewusst geschieht. Manchmal aber überzieht man sein Konto, ohne es wirklich zu wollen und ohne es zu merken.

*Unbewusste Kontoüberziehung*

Wer einmal seinen Kontoauszug genau unter die Lupe nimmt, dem wird auffallen, dass zu jedem Buchungsposten immer zwei Daten genannt sind:

1. das Buchungsdatum und
2. das Wertstellungsdatum

Das Buchungsdatum gibt Aufschluss darüber, wann das Kreditinstitut buchhalterisch den Zahlungsbeleg in seinem System erfasst hat.

Das Wertstellungsdatum hingegen besagt, zu welchem Tag ein Zahlungseingang dem Konto wirklich gutgeschrieben wird bzw. an welchem Tag das Konto mit einer Zahlungsanweisung (wie z. B. Überweisung, Lastschrift oder Scheck) belastet wird.

Maßgeblich für die Berechnung von Guthaben- oder Schuldzinsen ist aber immer nur das Wertstellungsdatum. So kann es dem Bankkunden durchaus passieren, dass eine Gutschrift und eine Überweisung, die am selben Tag gebucht werden, trotzdem dazu führen, dass das Konto rein wertstellungsmäßig im Soll geführt wird.

| Beispiel für Buchungen auf dem Girokonto | | | |
|---|---|---|---|
| Datum | Vorgang | Wertstellung | Betrag |
| 06. Juni | Alter Saldo | – | 1.500 DM |
| 06. Juni | Gutschrift | 08. Juni | + 4.000 DM |
| 06. Juni | Lastschrift | 06. Juni | – 3.000 DM |
| 07. Juni | Neuer Saldo | – | 2.500 DM |

Offensichtlich war an keinem Kalendertag das Girokonto uberzogen. Trotzdem berechnet Ihnen die Bank Sollzinsen auf dem Konto. Das Institut arbeitet nämlich bei der Zinsermittlung nur mit dem Wertstellungsdatum:

Buchhalterische Erfassung und Gutschrift einer Buchung

| Beispiel für die damit verbundene Wertstellung | | | |
|---|---|---|---|
| Datum | Vorgang | Wertstellung | Betrag |
| 06. Juni | Saldovortrag | H | + 1.500 DM |
| 06. Juni | Lastschrift | S | – 3.000 DM |
| 06. Juni | Schlusssaldo | S | – 1.500 DM |
| 08. Juni | Saldovortrag | S | 1.500 DM |
| 08. Juni | Gutschrift | H | + 4.000 DM |
| 08. Juni | Schlusssaldo | H | + 2.500 DM |

Bei der Berechnung der Zinsen geht das Kreditinstitut also davon aus, dass Sie Ihr Konto für die Dauer von zwei Tagen um 1.500,– DM überzogen haben. Daraus nehmen Banken und Sparkassen eine Wertschöpfung vor.
Ausgehend von einem durchaus üblichen Zinssatz von ca. elf Prozent für eingeräumte Kontoüberziehungen berechnet das Geldinstitut für die zweitägige »Überziehung« 0,92 DM Zinsen. Sollte kein Überziehungskredit für dieses Girokonto eingeräumt sein, dann erhöht sich der Zinssatz um ca. fünf Prozent und die in Rechnung gestellten Zinskosten betragen dann 1,33 DM.

31

So werden alle Kontenbewegungen mit einer Wertstellung versehen, wobei die Gutschriften normalerweise erst nach dem Buchungsdatum wertmäßig erfasst werden, während Belastungen auf dem Konto sofort erfolgen.

Eine weitere Einnahmequelle für Banken und Sparkassen besteht darin, dass sie mit dem auf dem Girokonto vorhandenen Geld arbeiten, dieses als Kredit vergeben können. Rein theoretisch können sie mit dem Geld auf dem Girokonto zwar gar nicht rechnen, weil Sie als Kunde ständig das Recht haben, über Ihr Girokontoguthaben ohne Einhaltung von Kündigungsfristen zu verfügen.

**Einnahmequelle der Banken: Restgelder auf Girokonten**

Doch die Erfahrung hat gezeigt, dass nicht alle Girokontoinhaber ihr Konto bis auf die letzte Mark leer räumen, sondern dass ein bestimmter Sockelbetrag auf dem Girokonto stehen bleibt. Dieser so genannte »Bodensatz« ist für die Kreditinstitute sehr lukrativ, weil die Verzinsung der Giroguthaben minimal ist (entweder gar keine oder 0,5 Prozent Zinsen im Jahr). So haben sie billiges Geld zur Verfügung, das sie zu marktüblichen Kreditzinsen ausleihen können.

### Expertentipp

Sie sollten deshalb am Monatsende darauf achten, dass Sie verbleibendes Guthaben auf dem Girokonto in eine besser verzinsliche Einlage umwandeln.

## WEHREN SIE SICH GEGEN UNZULÄSSIGE BANKGEBÜHREN

Bei der Preis- und Gebührengestaltung sind jedem Kreditinstitut rechtliche Grenzen gesetzt. Doch von so manchem Geldinstitut wird auch ohne Rechtsgrundlage kassiert. Das ist Grund genug, um die erhobenen Gebühren zu kontrollieren – sei es im Zusammenhang mit dem Girokonto oder aus anderem Anlass. Wir haben Ihnen nachfolgend eine Auswahl von verbotenen Gebühren zusammengestellt.

## ⚡ Blitzübersicht: Bankgebühren und Abrechnungen

Grundsätzlich gilt die Regel, dass die Geldinstitute nur solche Dienstleistungen berechnen dürfen, die im Preisaushang des Instituts aufgeführt sind. Dennoch wird oft ohne Rechtsgrundlage kassiert. Die folgende Übersicht zählt typische Kostenpositionen auf.

| Um diese Kosten geht's | Das müssen Sie dazu wissen | Rechts-grundlage |
|---|---|---|
| **Ablösekosten** für vorzeitige Kreditrück-zahlung | So genannte Vorfälligkeitsentschädigung muss bei Krediten mit Disagio (vorweggenommene Zinszahlung) nur zum Teil gezahlt werden, weil das Disagio anteilig zu erstatten ist – dies wird von den Instituten aber gern »vergessen«. | BGH, XI ZR 70/93 |
| **Ablösekosten** für vorzeitige Kreditrück-zahlung | Soll ein Hypothekendarlehen aus wichtigem Grund (z. B. beim Verkauf eines Hauses) vorzeitig zurückgezahlt werden, darf die Bank keine Vorfälligkeitsentschädigung in beliebiger Höhe verlangen. Sie hat nur Anspruch auf Ersatz ihres entgangenen Gewinns. Diesen Schaden muss sie nachprüfbar darlegen. | BGH, XI ZR 197/96 und 267/96 |
| **Auflösungsge-bühr** für Giro-konten oder Sparbücher | Dafür gibt's nach dem Gesetz keine Anspruchs-grundlage – deshalb ablehnen; beim Verbrau-cherschutzverein (Bayreuther Str. 40, 10719 Berlin) melden, er sammelt solche Fälle (Musterprozess). | Verstoß gegen AGB-Gesetz |
| **Auslands-gebühr** für Kreditkarten | Extra-Gebühren für die Benutzung von Kredit-karten im Ausland sind zulässig – aber nicht in beliebiger Höhe. Die Vertragsbedingungen liegen im Ermessen der herausgebenden Firma. | BGH, XI ZR 167/96 |
| **Barzahlungs-gebühr** für Auszahlungen | Ist unzulässig, wenn nicht zugleich mit der Kontoführungsgebühr auch eine gewisse Zahl an Freiposten (5) gewährt wird. | BGH, XI ZR 217/95 |
| **Bearbeitungs-gebühr** für geplatzten Kreditvertrag | Wenn ein Kreditvertrag nicht zu Stande kommt, darf die Bank, auch wenn das Scheitern nicht ihr Verschulden war, keine Gebühr verlangen. Das Scheitern ist als normales Geschäftsrisiko zu werten. | AG Iserlohn, 42 C 346/88 |
| **Fotokopien** nicht zu Wucherpreisen | Dienstleistungen wie Fotokopien von Kredit-verträgen darf die Bank nur mit normalen Kosten (in diesem Fall 2,30 DM) berechnen, nicht zu Wucherpreisen (70,– DM als Pauschale verlangt). | AG Mün-chen, 233 C 7155/93 |

| Um diese Kosten geht's | Das müssen Sie dazu wissen | Rechtsgrundlage |
|---|---|---|
| **Freistellungsauftrag** zum Nulltarif | Gebühr für Freistellungsaufträge (dann sind Zinsen steuerfrei, sonst pauschaler Abzug) darf nicht vom Konto abgebucht werden. Die Bank erfüllt in diesem Fall nur ihre gesetzliche Pflicht, die nicht dem einzelnen Kunden aufgebürdet werden darf. | BGH, XI ZR 269/96 und 279/96 |
| **Gebühren** aller Art, die nicht ausgehängt sind | Der Preisaushang in Geldinstituten hat große Bedeutung – Gebühren, die dort nicht aufgeführt sind, können nicht erhoben werden. Der Kunde darf annehmen, dass die Leistungen kostenfrei sind. | AG Freiburg, 7 C 4776/88 |
| **Kreditkosten** bei geplatzter Autofinanzierung | Müssen nicht gezahlt werden, wenn trotz Kreditvertrag der Autokauf nicht zu Stande kommt und es sich bei der Finanzierung um die Hausbank (Finanzierungsgesellschaft) des Herstellers handelt. | LG Braunschweig, 7 S 7/94 |
| **Kreditkosten** für Darlehen von minderjährigen Kindern | Eltern müssen nicht für Kreditzinsen oder Sollsalden auf Girokonten ihrer minderjährigen Kinder aufkommen, weil solche Kredite sittenwidrig sind und von den Banken ohne Zustimmung des Vormundschaftsgerichts gar nicht vergeben werden dürfen. | BGB § 1643 Abs. 1 und § 1822, 8 |
| **Kreditschulden** bei sittenwidrigen Darlehen | Wollen hochverschuldete, geschäftsunerfahrene Kunden ein Darlehen, muss die Bank den Kreditwunsch ablehnen (Beratungs-/Aufklärungspflicht); andernfalls kann Sittenwidrigkeit vorliegen, dann entfällt der Zinsanspruch des Instituts. | OLG Düsseldorf, 17 U 74/92-5/1993 |
| **Löschungsbewilligung** bei Hypotheken | Es darf kein Geld kosten, wenn die Bank nach einer Hypotheken-Rückzahlung die Bewilligung zur Löschung im Grundbuch erteilt. Das ist eine gesetzliche Verpflichtung, deren Durchführung kostenlos sein muss. Allenfalls Notarkosten für die Beurkundung hat der Kunde selbst zu tragen. | BGH, XI ZR 244/90 |
| **Mahngebühr** wegen fälliger Kreditraten | Werden beim Kunden fällige Kreditraten für eine Hypothek angemahnt, darf keine Gebühr verlangt werden. | BGH, XI ZR 244/90 |

| Um diese Kosten geht's | Das müssen Sie dazu wissen | Rechts-grundlage |
|---|---|---|
| **Pfändungs-gebühren** bei Konto-pfändungen | Die Bank darf keine Extra-Gebühren bei der Abwicklung einer Kontopfändung kassieren. Die Geldinstitute erfüllen nur gesetzliche Pflichten. | OLG Düssel-dorf, 12 O 533/96 und 44/97 |
| **Rückgabe-gebühr** für ungedeckte Lastschriften | Können Einzugsermächtigungen/Daueraufträge mangels Deckung auf dem Konto nicht ausge-führt werden, darf die Bank vom Kontoinhaber keine Gebühr verlangen. | BGH, XI ZR 5/97 und 296/96 |
| **Schätzkosten** bei geplatzter Hypothek | Kommt ein Darlehensvertrag nicht zu Stande, darf die Hypothekenbank keine pauschalierten Kosten für die Schätzung eines Beleihungs-objekts verlangen. | LG Dort mund, 1 S 491/92-5/93 |
| **Überziehungs-zinsen** für einen Kredit | Nimmt der Kreditkunde ein Darlehen über den Fälligkeitstermin hinaus in Anspruch, darf die Bank in keinem Fall einfach Überziehungs-zinsen, sondern nur den vereinbarten Zinssatz verlangen. | OLG Düssel-dorf, 6 U 220/90 |
| **Überziehungs-zinsen** trotz Kontoausgleich | Bareinzahlungen am Schalter oder Überwei-sungen, die direkt in ein Computerterminal eingegeben werden, müssen dem Kunden an demselben Tag gutgeschrieben werden, nicht erst am nächsten Tag. | BGH XI ZR 54/88 |

# SO SETZEN SIE IHR RECHT DURCH

Und was macht man nun als Bankkunde in der Praxis, wenn einem das Geldinstitut falsche oder unzulässige Gebühren berechnet hat?

*Sich gegen falsche Gebühren wehren*

Man schreibt einen Brief und fordert sein Geld zurück. Mit dem folgenden Musterbrief können Sie sich gegen diese Ge-bühren wehren

Welche Gebühren nicht erhoben werden dürfen, entneh-men Sie bitte der vorstehenden Aufzählung.

Ihnen wurden zum Beispiel zu viel Gebühren für Barauszah-lungen berechnet. Dann sieht Ihr Brief an die Bank folgen-dermaßen aus:

**Musterbrief: Unzulässige Gebühren**

... *(Absender mit Anschrift)*                    ... *(Datum)*
... *(Kontonummer)*
... *(Telefon)*

An ... *(das Geldinstitut)*

Betrifft: Erstattung der von Ihnen berechneten Gebühren für Barauszahlungen

Sehr geehrte Damen und Herren,

unter dem Datum vom ... *(Datum)* wurde von meinem oben angegebenen Girokonto eine Gebühr in Höhe von ... *(Betrag)* DM (oder EUR) eingezogen.
Die Berechnung dieser Gebühr ist unzulässig, ich verweise hier auf folgendes Urteil: Bundesgerichtshof, XI ZR 217/95.
Unter Bezugnahme auf diese Entscheidung mache ich Sie darauf aufmerksam, dass
* die Berechnung dieser Gebühr allenfalls dann zulässig ist, wenn die Anzahl von fünf kostenfreien Auszahlungen überschritten wird.
* die Gebühr nur als Entgelt im Rahmen einer allgemein geltenden Preisregelung (Preis- und Gebührenliste gemäß Aushang) erhoben werden darf.

Ich fordere Sie auf, mir die einbehaltene Gebühr umgehend zu erstatten. Die Gutschrift ist mit dem Datum der Lastschrift zu dieser Gebühr zu valutieren, mithin also in einer Weise, durch die keine Zinskosten bzw. -verluste entstehen.
Sollten Sie meiner Forderung nicht innerhalb einer angemessenen Frist von 14 Tagen ab Absendedatum dieses Briefes nachkommen, zwingen Sie mich zu weiteren Schritten.

Mit freundlichen Grüßen

... *(Unterschrift)*

# DER KREDIT –
# FÜR DIE BANKEN EIN GUTES GESCHÄFT

Für Banken und Sparkassen ist kein anderes Geldgeschäft so lukrativ wie die Kreditvergabe. Zwischen zwei (bei Baudarlehen) und über acht Prozent (bei Ratenkrediten) der jeweiligen Kreditsumme sind für Kreditinstitute heute spielend daran zu verdienen.

Man nimmt einfach das niedrig verzinste Kapital der Anleger und gibt es mit zum Teil gewaltigen Aufschlägen an die Kreditnehmer weiter. Und wie bei allen Geschäften gilt leider, dass man die besten Geschäfte eher mit schlechten Tipps macht. Der Kunde sollte also nicht unbedingt damit rechnen, dass man ihm ohne weiteres die für seine Vorhaben günstigste Finanzierung aufzeigt. *Die Bank verdient immer*

Nur dem Verbraucherkreditgesetz (gilt seit 1991, das deutsche Recht wurde an EG-Richtlinien angeglichen) haben es die Bank- und Sparkassenkunden zu verdanken, dass sich heute auch für ungeübte Rechner jedes Kreditangebot mit jedem anderen vergleichen lässt. Denn seitdem muss bei jeder Finanzierung erkennbar sein:

- Wie hoch der tatsächliche Kreditbetrag ist, auf den Zinsen zu bezahlen sind *Kreditvergleich*
- Welcher Gesamtbetrag (einschließlich aller Zinsen und eventueller Gebühren oder Nebenkosten) zurückgezahlt werden muss
- In welcher Höhe wann und über welchen Zeitraum die Rückzahlungsraten zu begleichen sind
- Wo der Nominalzins (nackter Ausleihzinssatz) liegt und wie hoch der effektive Jahreszins (Ausleihzins zuzüglich aller Kosten) ist
- Welche Kosten gegebenenfalls durch eine Restschuldversicherung entstehen

**Expertentipp**

Fehlt eine der zuvor genannten Angaben oder ist sie falsch, müssen Banken und Sparkassen nach der gesamten laufenden Rechtsprechung Schadenersatz zahlen bzw. ihre Forderungen auf die angegebenen Sätze reduzieren.

Beratungs- und Aufklärungspflicht der Banken

Trotz dieser verbraucherfreundlichen Regelungen können Gerichte und Gesetz aber nicht vermeiden, dass sich der Verbraucher auf zu hohe Belastungen einlässt. Dabei haben Geldinstitute jedoch eine Aufklärungspflicht. Wer schon fast zahlungsunfähig ist, dem dürfen nicht noch mehr Darlehen gewährt werden. Die Bank kann ihre Ansprüche auf Rückzahlung verlieren, wenn sie Kunden, die bereits hoch verschuldet sind, weitere Darlehen bewilligt.

**Achtung:** Wer ohne Wissen der Bank weitere Schulden gemacht bzw. Zahlungspflichten verschwiegen hat, darf nicht auf Hilfe der Gerichte hoffen. Denn jeder muss wissen, dass geliehenes Geld irgendwann zurückzuzahlen ist.
Die Bank muss also nicht haften, wenn der Kunde für einen Kredit falsche Angaben macht und mit Rückzahlungen in Verzug gerät.

Von jedem Verbraucher erwarten Gesetz und Gerichte, dass er die Höhe seiner Verschuldung überlegt und auf die persönlichen Verhältnisse abstimmt. Doch trotzdem gilt: Werden Kunden nicht oder falsch beraten und wird deren Notlage ausgenutzt, um ihnen weitere Darlehen anzudrehen, sind die Verträge sittenwidrig. Die Bank riskiert dann, alle oder einen Teil ihrer Ansprüche zu verlieren.
Aber: Es ist nicht generell sittenwidrig, Kunden ohne Einkommen Kredite zu bewilligen. Entscheidend ist, ob die Raten mit Arbeitslosengeld, Sozialhilfe, Unterhalt und dergleichen bezahlt werden können.

# WIE VIEL KREDIT KANN MAN SICH LEISTEN?

Die neue Wohnungseinrichtung, die teure Unterhaltungs-elektronik, das ersehnte Wunschauto, eine Immobilie auf Kredit oder eine Weltreise – vor allem in Niedrigzinsphasen greifen viele Menschen zum Kredit, um neue Anschaffungen zu finanzieren oder Träume zu verwirklichen.

Dabei sind in Niedrigzinsphasen vor allem langfristige Kredi-te von Vorteil. Denn Experten gehen davon aus, dass die Zeit der Niedrigzinsen nur vorübergehend andauert und diese in Zukunft kaum mehr das heutige Niveau erreichen werden. Bei Ratenkrediten aber ist der bei Abschluss vereinbarte Zins immer für die gesamte Laufzeit (maximal 72 Monate) sicher. Man hat also keine Verteuerungen der Raten zu befürchten. Und je länger die vereinbarte Laufzeit ist, desto niedriger wird die monatliche Belastung.

**Ratenkredit und Niedrig-zinsphasen**

**Grundsätzlich sollten Kreditbeträge** nicht in die lau-fenden Lebenshaltungskosten einfließen. Das ist kritisch und gefährlich, bedeutet oft sogar einen Einstieg in eine sich immer schneller drehende Schuldenspirale.

Das gilt vor allem für die folgenden Kredite:
- Der Überziehungskredit, mit dem das Girokonto immer weiter in die roten Zahlen gedrückt wird
- Der Konsumkredit, der bei genauer Betrachtung nur dazu dient, Wünsche zu erfüllen, z. B. Reisen zu buchen oder Anschaffungen zu tätigen, die man sich auch in absehba-rer Zeit nicht leisten kann

Welches Risiko gerade mit dem letztgenannten Kredit ver-bunden ist, lässt sich leicht darstellen: Wird ein Urlaub »auf Pump« finanziert, dann kann der Grund nur sein, dass bis-her kein Geld für Reisewünsche nebenbei gespart werden konnte. Wenn das bislang nicht gelang, wird es aber auch in der künftigen Zeit kaum möglich sein, bis zum nächsten

Urlaub den jetzt aufgenommenen Kredit zurückzuzahlen und gleichzeitig Geld für einen späteren Urlaub zu sparen. Also müsste auch der nächste Urlaub wieder mit einem Kredit finanziert werden.

Kommt zwischenzeitlich aber wegen Kurzarbeit, Lohn- oder Gehaltskürzungen, Arbeitslosigkeit, steigender Lebenshaltungskosten, Krankheit oder familiärer Veränderungen die Rückzahlung ins Stocken oder erneuter Geldbedarf hinzu, hat man mit dem anfangs so harmlosen Urlaubskredit schon die ersten Steine für einen stetig wachsenden Schuldturm aufgestapelt.

**Belastung unterhalb der Schmerzgrenze**

Die meisten Banken arbeiten mit Richtwerten, wenn ein Kreditnehmer schnell auf seine Zahlungsfähigkeit abgeklopft werden soll. Dazu genügt ein schneller Blick auf den Gehaltszettel und eine Frage nach der monatlichen Miete und den laufenden Verpflichtungen. Nach den sonstigen Ausgaben wird meist gar nicht gefragt, weil sowieso kaum jemand sein genaues Ausgabeverhalten kennt. Aber die Banker wissen auch dann bestimmt Rat. Wofür gibt's schließlich so viele wunderbare Statistiken.

> **Neben den normalen festen Kosten** (Versicherungen, Miete, Kfz-Kosten usw.) und den zu zahlenden Kreditraten muss noch ausreichend frei verfügbares Einkommen übrig bleiben.
> Faustregeln: Bei einem Single mindestens 1.100,– DM, bei einem Paar 1.500,– DM und pro Kind weitere 300,– DM. Dann können einen auch unerwartete Zusatzausgaben kaum aus der Bahn werfen.

Jeder Kreditaufnahme sollte also unbedingt ein tiefer Blick in die eigene Geldbörse oder auf den letzten Kontoauszug vorausgehen. Die Kernfragen sind:
- Wie hoch ist das verfügbare monatliche Einkommen?
- Wie viel kann hiervon für die Bedienung von Krediten abgezweigt werden?

Verschaffen Sie sich selbst einen Überblick über Ihre Finanzen. Dabei kann die Betrachtung nur eines Monats allerdings zu einem trügerischen Schluss führen. Denn es muss ein gewisser Spielraum für Unvorhergesehenes bleiben.

Am besten stellen Sie einfach für drei »normale Monate« anhand der folgenden Checkliste Ihre Ausgaben zusammen und prüfen dann, wie viel finanzielle Luft Sie haben. Einfacher wird's, wenn Sie entsprechende Muster zunächst wochenweise ausfüllen.

*Drei-Monats-Analyse*

| Checkliste: Ihr Kreditspielraum | |
|---|---|
| **Ausgabenposition** | **Betrag in DM** |
| **Auto**<br>(Tanken, Waschen und Reparaturen) | |
| **Essensgeld**<br>(Kantine) | |
| **Freizeit und Hobby**<br>(Theater, Kino, Konzert) | |
| **Geschenke**<br>(Geburtstage, Weihnachten etc.) | |
| **Kfz-Kosten**<br>(Versicherung und Steuer) | |
| **Kinderbetreuungskosten**<br>(Kindergarten, Tagesmutter, Babysitter) | |
| **Schuhe** | |
| **Kleidung** | |
| **Kontoführungsgebühren** | |
| **Körperpflege/Gesundheit**<br>(z. B. auch Rezeptgebühren) | |
| **Kredit- und Leasingraten** | |

| Ausgabenposition | Betrag in DM |
|---|---|
| **Lebensmittel** (ohne Tabakwaren/Alkohol) | |
| **Miet-/Wohnnebenkosten** (z. B. Heizung, Strom usw.) | |
| **Miete/Baukredite** | |
| **Monatskarten** | |
| **Öffentliche Verkehrsmittel** (ohne Monatskarten) | |
| **Reinigung, Schuhreparatur** | |
| **Rücklagen** (z. B. für Familienfeiern wie Kommunion, Konfirmation etc.) | |
| **Rundfunkgebühren** | |
| **Sonstiges** (z. B. Briefmarken, Blumen, Morgenzeitung, Imbiss unterwegs, Tabak, Alkohol) | |
| **Sparverträge** | |
| **Taschengeld** (für Kinder) | |
| **Telefon-/Kabelanschluss** | |
| **Vereins- und Gewerkschaftsbeiträge** | |
| **Versicherungsbeiträge** (z. B. Lebensversicherung, Hausrat, Haftpflicht, Unfall) | |
| **Wasch- und Reinigungsmittel** für den Haushalt | |
| **Zeitungen und Zeitschriften** (Abonnements) | |

Achten Sie auch darauf, dass es sich um drei »normale« Monate handelt, das heißt, dass es in diesem gewählten Zeitraum keine Sonderzahlungen wie Urlaubs- oder Weihnachtsgeld gab.

Schlechte Berater in den Geldinstituten, die nur ihren Umsatz vor Augen haben, neigen dazu, diese Monate in die Berechnung mit einzubeziehen. Doch wer hier selbst »schummelt« oder sich eine realitätsfremde Aufstellung berechnen lässt, muss im Ernstfall selbst büßen, denn nicht eingehaltene Kreditverträge können teuer werden: Verzugszinsen und Kosten aus Rechtsverfolgung und Vollstreckungen durch die Gläubiger machen enorme Beträge aus. Dazu kommt der Ärger beim Arbeitgeber durch die eingereichte Lohn- oder Gehaltspfändung. Die zusätzliche Arbeit lassen sich mittlerweile viele Firmen obendrein auch noch durch Gebühren bezahlen.

*Nicht eingehaltene Kreditverträge werden teuer*

Hat man bereits Schuldenprobleme, sollte man nicht den Ausweg suchen, sich weiter mit zusätzlicher Verschuldung oder Umschuldung zu beschäftigen, also mit Angeboten, die sich sehr verlockend in den Zeitungen lesen lassen. Vielmehr sollte nun der nächste Weg der zur örtlichen Schuldnerberatungsstelle sein. Doch dazu später mehr.

### Expertentipp

Auf eine Finanzierung sollte man sich nur in zwei Situationen einlassen:

1. Als Anschaffungskredit zum Erwerb bleibender oder zumindest mittelfristig beständiger Werte, von der Wohnungseinrichtung übers Auto bis hin zu Kauf oder Bau von Wohneigentum oder

2. als Überbrückungskredit, aus dem dann auch laufende Kosten bestritten werden dürfen – aber nur, wenn für einen genau überschaubaren Zeitraum ein Finanzloch zu stopfen ist und feststeht, dass die Finanzkrise durch eine mit absoluter Sicherheit zu erwartende Zahlung (z. B. Steuererstattung) beseitigt sein wird.

Die persönliche Situation sollte deshalb unbedingt vor der Kreditaufnahme gecheckt werden. Wofür wird der Kredit benötigt? Habe ich genug finanziellen Spielraum, um die anstehenden monatlichen Kreditraten zurückzuzahlen? Überstürzen Sie Ihre Entscheidung nicht, sondern überdenken Sie gründlich Ihre Finanzen.

## KEINE GELDANLAGEN AUF KREDIT

Wer keine finanziellen Mittel hat und deshalb Kredit braucht, hat logischerweise auch kein Geld übrig, um es anzulegen. Es macht natürlich keinen Sinn, sich fremdes Geld zu leihen, dafür hohe Zinsen zu zahlen, um gleichzeitig viel niedrigere Zinsen für die Anlage zu kassieren.

Je nach Kreditkosten und Guthabenzins zahlt man auf diese Weise für jeden Hundertmarkschein, der aufs Anlagekonto geht, zwischen 105,– und 115,– DM.

**Keine Spekulation mit geliehenem Geld**

**Noch viel gefährlicher** aber ist es, mit geborgtem Geld regelrecht zu spekulieren. Als vorsichtiger und besonnener Mensch kann man sich das vielleicht gar nicht so richtig vorstellen. Aber bei der entsprechenden Beratung kann die Verlockung, sich auf solche Geschäfte einzulassen, für den arglosen Kunden sehr groß werden. Und die Kreditinstitute wittern hier ihren Gewinn.

So geht die Initiative für eine Geldanlage auf Kredit leider nicht ausschließlich vom Anleger aus, die Verbraucherzentralen können das bestätigen. Erfahrungsberichte verraten immer wieder, dass Kunden auch dem Rat ihrer Berater folgen. Mit Sätzen wie »Sie können aber nicht nur Schulden machen, sondern müssen nebenbei auch an Ihre Zukunft denken« oder der Frage »Wollen Sie gar nichts für Ihre Kinder auf die Seite legen?« wird das schlechte Gewissen der Kunden geschürt und das Doppelgeschäft eingefädelt. Der gutgläubige Kunde soll dazu gebracht werden, nicht nur seinen Kredit aufzustocken, sondern zugleich einen Sparvertrag, eine Lebensversicherung oder eine Bausparpolice zu unterschreiben. Ein Bonus für den Berater, denn der verdient außer am höheren Kredit auch noch an der Prämie für den Abschluss der verkauften Geldanlage. Der Verbraucher aber verliert in diesem Fall. **Doppelgeschäft**

*Beispiel: Nehmen wir mal an, Sie haben 10.000,– DM zur Verfügung und wollen diese anlegen. Von einem Finanzberater erfahren Sie, dass alle Anzeichen dafür sprechen, mit einer bestimmten Aktie eine Rendite von etwa 30 Prozent erwirtschaften zu können. Da kämen dann schnell 3.000,– DM als Gewinn zusammen. Außerdem macht man Ihnen den Vorschlag, dass Ihnen das Geldinstitut für den Aktienkauf die Hälfte des Kaufpreises als Kredit gewährt und die Wertpapiere als Sicherheit anerkennt. Sie könnten also auf einen Schlag für 20.000,– DM Aktien kaufen, einen Gewinn von rund 6.000,– DM einstreichen und davon die dann lächerlich erscheinenden Kreditzinsen von vielleicht 1.200,– DM spielend zurückzahlen. Statt ursprünglich nur 3.000,– DM wären mit dem heißen Aktientipp plötzlich fast 5.000,– DM zu verdienen – das klingt verlockend. Aber manch einer hat wegen eines solchen todsicheren Tipps schon Zigtausende von Mark als Kredit aufgenommen, angelegt – und verloren.* **Verlockende Rechenmodelle**

Das besondere Risiko liegt dabei gar nicht mal in der Spekulation auf steigende Kurse. Denn wer z. B. Aktien ohne Kredit kauft, könnte selbst bei plötzlichen Kursstürzen die Ruhe bewahren und auf wieder steigende Werte hoffen. Der Verlust wäre dann – wenn man genug Zeit hat – auszugleichen oder zu verringern. Und wer sich auch eine sehr lange Wartezeit erlauben kann, geht vielleicht trotz vorübergehender Kursverluste am Ende noch mit einem Gewinn aus der Anlage heraus, wenn auch nicht mit den erhofften 30 Prozent. Doch bei einer Geldanlage mit geliehenem Geld sieht die Sache meist anders aus.

**Bei der Kreditfinanzierung** kommt zum Kursrisiko stets noch das unkalkulierbare Verhalten der Bank hinzu. Denn wenn der Aktienkurs zusammenbricht und die als Sicherheit für den Kredit hinterlegten Wertpapiere zur Zeit kaum noch etwas wert sind, könnte das Geldinstitut nervös werden.

In solchen Fällen wird dann der Kunde gebeten, zusätzliche Sicherheiten zu stellen oder das Kreditkonto umgehend auszugleichen. Und dann steht der Anleger auf Kredit vor einem Problem.

Die Kreditinstitute fordern in einem solchen Fall meist, dass der »Kredit fällig gestellt« und eine »Verwertung der verpfändeten Papiere« vorgenommen werden müsse. In der Regel bedeutet das einen enormen Verlust für den Anleger. Denn selbst für gute Geldanlagen kommen grundsätzlich weniger Zinsen herein, als man selbst für den Kredit bezahlen muss. Die folgende Übersicht macht es deutlich.

*Zinseinnahmen geringer als Zinsausgaben*

| Geldanlagen auf Kredit:<br>Der Kunde zahlt immer drauf | |
|---|---|
| **Angenommene Laufzeit bis zur völligen Tilgung: 5 Jahre** | |
| Kreditzinsen | 12 % |
| Zinskosten für 1.000,– DM Kreditbetrag | 321,20 DM |
| Guthabenzinsen für Geldanlage | 5,5 % |
| Zinsertrag für 1.000,– DM Anlagesumme | 306,97 DM |
| **Verlust für 1.000,– DM Geldanlage** | **14,23 DM** |

Ein seriöser Berater, der sich als Partner seines Kunden fühlt, dürfte deshalb solche Kombinationen von Kredit und Anlage auf keinen Fall empfehlen. Doch mit Seriosität lässt sich nun mal kein schnelles Geld verdienen. Wer dem Verbraucher aber einen Bausparvertrag oder eine Lebensversicherung verkauft, verdient eine ansehnliche Abschlussprämie, die (je nach Vertragsart und -höhe) zwischen 500,– und 4.000,– DM liegt – und diese Prämie darf der Berater ganz oder anteilig behalten.

## Kontoüberziehung: schneller Kredit

Die Kontoüberziehung gehört neben dem Ratenkredit zu den Konsumentenkrediten. Der Überziehungskredit ist auch bekannt unter Dispositionskredit. Konsumentenkredite werden überwiegend an Privatleute vergeben. Das Geld wird vor allem zur Finanzierung des Lebensunterhalts benötigt, Konsumwünsche wie Autos, Möbel, elektronische Geräte oder auch teure Dienstleistungen werden so realisiert.

*Überziehungskredite für den Lebensunterhalt*

Aus Sicht der Bank wird Ihnen bei jeder Kontoüberziehung ein Kredit gewährt. So kann das Konto jederzeit für kurzfristige kleinere Kredite genutzt werden. Dazu ist es ganz interessant, sich einmal die Natur eines Girokontos etwas näher anzuschauen:

- Das Girokonto ist eine Sonderform des Kontokorrentkontos. Das Kontokorrentkonto dient zur Verrechnung von Aufträgen und Leistungen zwischen Kreditinstituten und Kunden. Daraus ergibt sich, dass sich der Saldo eines Girokontos sowohl im Haben als auch im Soll befinden kann.
- Ein Sollsaldo ergibt sich, wenn die Verfügung über das Konto, z. B. eine Überweisung, höher ist als das darauf befindliche Guthaben.

Allerdings gibt es keinen Anspruch seitens des Kunden, dass die Bank eine solche Verfügung akzeptieren muss. Dabei kann ein Kredit ausdrücklich vereinbart sein oder stillschweigend von der Bank gewährt werden.

**Die Möglichkeit einer Überziehung** sollte man sich immer einräumen lassen. Denn bei den meisten Banken wird eine nicht eingeräumte, also ungenehmigte Kontoüberziehung mit einem Zinsaufschlag von rund fünf Prozent gegenüber dem genehmigten Überziehungskredit berechnet.

47

Für einen Überziehungskredit sind weder Antragsformulare notwendig, noch muss der Kunde zusätzliche Sicherheiten bieten. Die Rückzahlung erfolgt meist durch die folgenden Lohn- bzw. Gehaltseingänge.

Die zu berechnenden Zinsen und Gebühren werden bei Geschäftskonten im Normalfall individuell ausgehandelt, während sie bei den Privatgirokonten normalerweise dem allgemein gültigen Preisaushang entsprechen.

**Zinsabrechnung bei Kontoabschluss**

Die Bank rechnet genau aus, wie viele Tage das Konto im Soll steht, und berechnet danach die Zinsen. Die Zinsen werden beim Kontoabschluss, der heute normalerweise vierteljährlich erfolgt, verrechnet.

Die Ermittlung der Zinsen erfolgt durch die so genannte »Zinsstaffel-Methode«. Für diese Methode wird bei jeder Veränderung des Kontostandes ein Saldo ermittelt und dann nach dem kaufmännischen Kalenderjahr (jeder Monat hat 30 Tage) verzinst.

Die Bank wird bei der Höhe des Zinssatzes einen Unterschied machen, ob es sich bei der Überziehung um einen eingeräumten Kredit handelt oder ob diese Überziehung stillschweigend gewährt wird.

Rechtsgrundlage des Kontokorrentkontos sind das Handelsgesetzbuch und die Allgemeinen Geschäftsbedingungen. Für das Privatgirokonto spielt auch das Verbraucherkreditgesetz eine Rolle.

---

**So heißt es im Handelsgesetzbuch (§ 355):**

(1) Steht jemand mit einem Kaufmann derart in Geschäftsverbindung, dass die aus der Verbindung entspringenden beiderseitigen Ansprüche und Leistungen nebst Zinsen in Rechnung gestellt und in regelmäßigen Zeitabschnitten durch Verrechnung und Feststellung des für den einen oder anderen Teil sich ergebenden Überschusses ausgeglichen werden (laufende Rechnung, Kontokorrent), so kann derjenige, welchem bei dem Rechnungsabschluss ein Überschuss gebührt, von dem Tage des Abschlusses an

Zinsen von dem Überschuss verlangen, auch soweit in der Rechnung Zinsen enthalten sind.

(2) Der Rechnungsabschluss geschieht jährlich einmal, sofern nichts anderes bestimmt ist.

**So steht es in den Allgemeinen Geschäftsbedingungen der Banken:**

7. Rechnungsabschlüsse bei Kontokorrentkonten (Konten in laufender Rechnung)

Die Bank erteilt bei einem Kontokorrentkonto, sofern nichts anderes vereinbart ist, jeweils zum Ende eines Kalenderquartals einen Rechnungsabschluss; dabei werden die in diesem Zeitraum entstandenen beiderseitigen Ansprüche (einschließlich der Zinsen und der Entgelte der Bank) verrechnet. Die Bank kann auf den Saldo Zinsen verrechnen.

Rechnungsabschluss bei Kontokorrentkonten

**So steht es in den Allgemeinen Geschäftsbedingungen der Sparkassen:**

7. Kontokorrent, Rechnungsabschluss

(1) Kontokorrent-Vereinbarung

Die Sparkasse führt Geschäfts- und Privatgirokonten (insbesondere Konten zur Abwicklung des laufenden Geschäfts- und Zahlungsverkehrs) als Kontokorrent im Sinne des § 355 des Handelsgesetzbuches (Konten in laufender Rechnung).

(2) Rechnungsabschluss

Soweit nichts anderes vereinbart ist, gelten – auch im Geschäftskundenbereich – die jeweils im Preisaushang aufgeführten Rechnungsabschlussperioden.

Dabei können in Rechnung gestellte Zinsen wieder mit Zinsen belastet werden. Hier ergibt sich ein Zinseszinseffekt, der nach dem Bürgerlichen Gesetzbuch (BGB) bei anderen Kreditformen nicht zulässig ist. Und das kann ungeahnte

Größenordnungen erreichen. Daraus kann man die Empfehlung ableiten, dass es sinnvoller ist, ein dauerhaft überzogenes Girokonto in ein Darlehen umzuwandeln, das mit regelmäßigen Raten in einem überschaubaren Zeitraum kontinuierlich zurückgeführt wird.

> **Einen Dispositionskredit** sollte man nur in Anspruch nehmen, wenn sichergestellt ist, dass er durch kommende Einnahmen auch kurzfristig zurückgeführt werden kann. Alle Anschaffungen sollten über entsprechende andere Finanzierungsformen finanziert werden.
>
> Wenn schon erkennbar ist, dass die laufenden Ausgaben höher sind als die laufenden Einnahmen, sollte man diese Lücke auf keinen Fall durch eine Kontoüberziehung zu schließen versuchen.

Irgendwann, spätestens nach Ausschöpfung des Dispositionskredites, wird die Bank keine Verfügung mehr über das Girokonto zulassen. Das bedeutet, dass Mieten, Stromrechnung und Ähnliches nicht mehr überwiesen werden. So entsteht schnell eine sehr unangenehme Situation, die man auf jeden Fall vermeiden sollte.

*Dispositionskredit nur kurzfristig eingehen*

Gefährlich ist vor allem die schleichende Verschuldung mit dem Überziehungskredit. Wenn er zur Deckung von Lebenshaltungskosten benutzt wird, fällt das in der ersten Zeit noch nicht einmal auf. Um zwei bis drei Monatsgehälter kann das Girokonto schließlich ohne jede Formalität in Rahmen des Dispositionskredits überzogen werden. Aber irgendwann werden Bank oder Sparkasse sich melden. Und üblicherweise wird den Kunden dann empfohlen, die Schulden mit einem Ratenkredit abzulösen. Dann herrscht auf dem Girokonto wieder Ruhe – und der Kredit wird nebenbei in bequemen Raten abgetragen.

Doch Vorsicht: In den meisten Fällen schafft die Ablösung eines ausgeschöpften Überziehungskredits nur für kurze Zeit Erleichterung. Denn wer bisher einen Teil seiner normalen

Lebenshaltungskosten über einen Dispositionskredit bezahlt hat, stellt nur selten nach dem Ausgleich des Kontos mit dem Geld aus einem Ratenkredit seine Lebensführung um. Viel häufiger wird das alte Ausgabeverhalten beibehalten. Es wird mehr Geld ausgegeben, als tatsächlich zur Verfügung steht – mit dem nun wieder verfügbaren Überziehungskredit. Oft sogar noch ein bisschen schneller als beim ersten Mal wird wieder das Kreditlimit auf dem Girokonto erreicht. Die Spirale beginnt, mit Tempo zu rotieren. Und bald wäre wieder eine Ablösung des Überziehungskredits fällig … Spätestens beim zweiten Ratenkredit zur Konto-Umschuldung müssen alle Alarmglocken läuten.

**Eine frühzeitige Haushaltsberatung** kann das Entstehen der Schuldenspirale verhindern. Viele Verbraucherzentralen bieten eine solche Haushalts- und Etatberatung. Für den Betroffenen ist das eine empfehlenswerte Hilfestellung, um die Finanzen dauerhaft unter Kontrolle zu bringen. Denn mit einem erneuten Ausgleich des Überziehungskredits durch ein festes Darlehen allein wäre noch nichts erreicht.

Haushaltsberatungen bei Verbraucherzentralen

Wenn hier nicht schnellstens die Notbremse gezogen wird, besteht Gefahr, dass die ganze Familie auf eine völlige Überschuldung zusteuert.

## Wann Überziehungskredite sinnvoll sind

Die durchschnittlichen Zinssätze für Dispositions- oder Überziehungskredite liegen um durchschnittlich etwa ein Prozent über denen für Ratenkredite. Trotzdem können sie sich als preiswerte Alternative zu den Ratenkrediten mit festen monatlichen Rückzahlungen anbieten, weil nur für den tatsächlichen Überziehungsbetrag bezahlt werden muss. Für den Verbraucher kann sich daraus eine Verbilligung gegenüber einem normalen Ratenkredit ergeben.

Wenn der Kreditrahmen auf dem Girokonto ausreichend ist, kann der Dispositionskredit also eine echte und preiswertere Alternative zu manchen Anschaffungs- oder Überbrückungsdarlehen sein.

Das funktioniert aber nur, wenn die Finanzen gut geordnet sind. Die Überziehung muss von Monat zu Monat kontinuierlich abgebaut werden.

Wer sich so viel Selbstkontrolle nicht zutraut, ist mit der Zahlungsverpflichtung aus einem festen Ratenkredit besser bedient. Dabei muss aber auch die Entwicklung am Geldmarkt berücksichtigt werden.

Bei Zinserhöhungen ist ein Ratenkredit oft besser

**Drohen Zinserhöhungen,** sollte ein hoher Dispositionskredit in jedem Fall durch einen Ratenkredit abgelöst werden. Die Zinsen für Überziehungskredite werden laufend an die aktuelle Marktlage angepasst. Sie steigen also entsprechend mit an.

Beim Ratenkredit kann man sich hingegen einen noch niedrigen Zinssatz für die gesamte Laufzeit sichern.

Bei zu erwartenden Zinssenkungen bietet hingegen der Dispositionskredit den Vorteil, dass sein Zinssatz vom Institut laufend an die niedrigeren Konditionen am Markt angepasst werden muss.

Beim Ratenkredit bleibt man auch bei niedrigen Sätzen am Geldmarkt an einen einmal vereinbarten (womöglich hohen) Ratenkredit-Zinssatz gebunden.

## Über Kredithöhe und Zinsen lassen Kreditinstitute mit sich reden

Pauschal heißt es zwar, dass zwei bis drei Monatsgehälter den Überziehungsrahmen fürs Girokonto abstecken. Doch dieses Limit kann frei vereinbart werden und hängt ganz vom Einzelfall ab. Verhandeln Sie ruhig mit dem Kundenbetreuer Ihrer Bank.

**Expertentipp**

Bei vorübergehendem Mehrbedarf sollte unbedingt mit der Bank oder der Sparkasse über eine Erweiterung des Kreditlimits gesprochen werden.

Die Zinssätze für beide Formen der Überziehung sind zwar in den Preistafeln ausgedruckt, gute Kunden, bei denen die Institute keinerlei Risiko erkennen, bekommen aber nicht selten Sonderkonditionen eingeräumt. Diese Sonderkonditionen können sehr lukrativ sein und dem Kunden zwei bis vier Prozentpunkte des normalen Zinssatzes einsparen.

Unterschieden wird zwischen der genehmigten und der geduldeten Überziehung.

*Genehmigte Überziehung:* Hier wird das Konto unterhalb der vereinbarten Höchstsumme überzogen. Dafür gelten in der Regel niedrigere Zinsen als bei Ratenkrediten.

*Geduldete Überziehung:* Der vereinbarte Betrag wird überschritten, das ist meist bis zur Höhe eines weiteren Monatsgehalts möglich. Für den über der vereinbarten Grenze liegenden Betrag kassieren die Institute aber einen um 1,5 bis über vier Prozent höheren Zinssatz als bei der genehmigten Überziehung.

**Vergleichen Sie die Konditionen** für Überziehungskredite. Dabei lassen sich bis zu drei Prozentpunkte (bei genehmigten Überziehungen) oder mehr Prozentpunkte (bei geduldeter Überziehung) sparen.

Ein Vergleich lohnt sich

Im Klartext heißt das: Billige Institute sind bis zu einem Viertel günstiger und verlangen statt zwölf nur gut neun Prozent Zins.

Die Konditionen bei Preisvergleichen sollten ganz aktuell am Telefon erfragt werden, weil sie sich von einem zum anderen Tag ändern können.

## Manchmal lohnt sich ein Überziehungskredit der besonderen Form

Eine Mischform aus Überziehungs- und festem Ratenkredit wird mittlerweile von fast allen Geldinstituten unter den verschiedensten Namen angeboten. Das Prinzip aber ist überall gleich, egal ob es nun »Verfügungs-«, »Vario-« oder »Scheckkredit« heißt: Innerhalb eines einmal vereinbarten Rahmens (15.000,– bis über 50.000,– DM) kann eine Kreditsumme jederzeit in Anspruch genommen und zurückgezahlt werden. Festgelegt wird nur eine Mindestrate für die Rückzahlungen. Die Zinsen sind flexibel und liegen geringfügig unter denen für Ratenkredite.

*Verfügungs-, Vario- oder Scheckkredit*

Ein Vorteil gegenüber dem Ratenkredit ergibt sich dann, wenn während der Rückzahlungsdauer des Darlehens die Zinsen am Geldmarkt und damit auch die des Kredits steigen. Sonst wäre ein noch schnell zum günstigen Zinssatz abgeschlossener Ratenkredit billiger. Außerdem müssen kontinuierlich möglichst hohe und gleichbleibende Raten zurückgezahlt werden.

Ein Risiko gegenüber Ratenkrediten ist, dass vor allem bei einem großen Kreditrahmen sehr leicht die Übersicht verloren gehen kann.

Ein Nachteil gegenüber dem nur wenig teureren Ratenkredit ist, dass die echten Kosten dieser variablen Darlehen immer erst nachträglich zu ermitteln sind, anhand von Rückzahlungsbeträgen und tatsächlich berechneten Zinsen.

*Der Kunde muss selbst auf die Zinsweitergabe achten*

**Bei variablen Zinsen** müssen die Kreditnehmer selber prüfen, ob die Banken Zinssenkungen auch tatsächlich weitergeben.
Nicht nur bei den eben beschriebenen Überziehungskrediten, sondern bei allen Darlehen und auch bei Hypotheken ohne festen Zinssatz (variabler Zins) müssen Kreditnehmer selbst dafür sorgen, dass die Bank nicht nur Zinserhöhungen weitergibt, sondern auch Zinssenkungen.

Wenn in einer Phase steigender Zinsen alle zwei oder drei Monate schlechtere Konditionen nachgeschoben wurden, müssen positive Veränderungen, also Zinssenkungen, im gleichen Abstand den Kunden angerechnet werden.

Als einheitlicher Maßstab für den jeweils zulässigen variablen Zinssatz gelten der Nominalzins bei Abschluss des Kredits und sein Abstand zu dem für den gleichen Monat ermittelten durchschnittlichen Effektivzins am Geldmarkt, der von der Bundesbank ermittelt wird.

*Beispiel: Betrug bei Kreditabschluss im Januar 1998 der Nominalzins für eine Hypothek 5,2 Prozent und der durchschnittliche Effektivzins 6,24 Prozent, so ist für die gesamte Laufzeit des Kredits eine Spanne von 1,04 Prozentpunkten zwischen Nominalzins und durchschnittlichem Effektivzins einzuhalten.*

*Im März 1999 (durchschnittlicher Effektivzins: 5,63 Prozent) hätte das Geldinstitut seinem Kreditkunden den Nominalzins also auf 4,59 Prozent senken müssen.*

### Expertentipp

Der aktuelle Satz kann für den Zeitpunkt des Kreditabschlusses bei jedem Geldinstitut erfragt werden. Er wird außerdem in Wirtschaftszeitungen (z. B. *Handelsblatt)* angegeben.

Außerdem kann man sich direkt an die Bundesbank wenden: Deutsche Bundesbank, Wilhelm-Epstein-Straße 14, 60431 Frankfurt, Telefon 0 69/15 81.

Die Pflicht zur Zinssenkung seitens der Institute besteht nach allgemeiner Auffassung (z. B. Oberlandesgericht Celle, 3 U 240/89 oder Bundesgerichtshof, III ZR 195/84) immer dann, wenn sich der Marktzins gegenüber der vorherigen Berechnungsgrundlage um 0,2 Prozentpunkte verändert hat und wenn zuvor auch Zinserhöhungen an die Kunden weitergegeben wurden (siehe auch Seite 77 ff.).

Pflicht zur Zinssenkung

**Wann die Bank den variablen Zinssatz senken muss**

Grundsätzlich hat der Verbraucher Anspruch auf eine Senkung des variablen Zinssatzes, wenn die Differenz zwischen dem amtlichen Durchschnittszins und dem selbst vereinbarten Satz zum Zeitpunkt der Kreditvergabe sich im Laufe der Zeit um mehr als 0,2 Prozentpunkte verändert.

Lediglich für kurze Zeit könnte auch eine über die 0,2-Prozentpunkt-Grenze hinausgehende Differenz hinzunehmen sein. Denn kein Richter verlangt von den Banken tägliche oder wöchentliche Anpassungen. Aber: Nach der Rechtsprechung sollen die Zinsen zumindest im Vierteljahresabstand überprüft und angepasst werden.

Auf jeden Fall kann eine Zinssenkung verlangt werden, wenn eine Differenz von 0,2 oder mehr Prozentpunkten über einen Zeitraum von mehr als drei Monaten besteht.

# WENN KINDER IHR KONTO ÜBERZIEHEN

Viele Kinder erhalten bereits sehr früh (oft schon zur Taufe) ein Sparbuch. Auf dieses Sparbuch zahlen Verwandte dann im Laufe der Zeit kleinere oder auch größere Geldgeschenke ein. Ab einem Alter von zwölf Jahren können die Kinder dann ein Girokonto eröffnen. Mit der dazugehörigen Karte und der Geheimnummer haben sie zu jeder Zeit Zugriff auf ihr Konto.

*Girokonten von minderjährigen Kindern*

Das Ganze kostet dieser Zielgruppe keine Gebühren – im Gegenteil: In der Regel erhalten Kinder auf einem Girokonto bis zu 2,5 Prozent Guthabenzins – während die Erwachsenen überwiegend nichts bekommen.

Das Problem: Girokredite, von denen oft nicht mal die Eltern etwas wissen. Hier verstoßen Banken und Sparkassen gegen das Gesetz (BGB §1643). Denn nach dem BGB muss jeder Kredit an Minderjährige, auch die Überziehung auf dem Girokonto, vom Vormundschaftsgericht und den Eltern genehmigt werden.

Denn viele Eltern erfahren gar nicht, wenn ihre Kinder einen Sollsaldo auf dem Girokonto aufbauen. Oft melden sich die

Banken erst bei ihnen, wenn ein nicht mehr ganz unerheblicher Darlehensbetrag zusammengekommen ist. Dann werden oft die Eltern gebeten, für einen Kontoausgleich zu sorgen. Dazu sind sie jedoch nicht verpflichtet.

**Kredite von minderjährigen Kindern** müssen von den Eltern nicht zurückgezahlt werden. Die Banken haben keinen Anspruch auf das Geld, können es nicht einklagen, weil die Verträge sittenwidrig sind.

Die Praxis der Geldinstitute sollte nicht durch Zahlungen unterstützt werden, damit schadet man weder sich noch den Kindern, sondern zwingt die Banken nur zum Umdenken. Bei der Weigerung, die an Minderjährige vergebenen Kredite auszugleichen, haben die Eltern und auch die Minderjährigen alle Rechte auf ihrer Seite.

*Kreditvergabe an minderjährige Kinder ist unzulässig*

Vor einigen Jahren appellierte das Aufsichtsamt an die Geldinstitute, die Vorschriften zu beachten und keine Kredite mehr an Minderjährige zu vergeben, denn ein Überziehungskredit für Minderjährige kann sich mit der Zeit in eine immer schneller drehende Schuldenspirale verwandeln. Das allerdings gilt nicht nur für Minderjährige. Auch bei den gerade Volljährigen besteht diese Gefahr.

Das können Sie auch in einem Brief an die Bank zum Ausdruck bringen.

## Musterbrief: Unzulässiger Kredit an minderjährige Kinder

… *(Absender mit Anschrift)*          … *(Datum)*
… *(Kontonummer)*

An … *(Geldinstitut)*

Betrifft: Darlehensgewährung an … *(meinen Sohn/meine Tochter)*

**Kredite von minderjährigen Kindern nicht zurückzahlen**

Sehr geehrte Damen und Herren,

unter der Kontonummer ... *(angeben)* führen Sie ein auf den Namen ... *(meines Sohnes/meiner Tochter, Vorname, Name)*, geboren am ... *(Datum)*, lautendes Konto.
Auf diesem Konto war bis zum ... *(Datum)* ein Schuldsaldo von ... *(Betrag)* DM (oder Euro) aufgelaufen.
Ihnen ist bekannt, dass die Darlehensgewährung an Minderjährige nur mit Zustimmung des Vormundschaftsgerichts zulässig ist. Ich verweise hier auf die entsprechenden Vorschriften (BGB §§ 1643 ff.). Diese Genehmigung liegt nicht vor. Ich stelle deshalb fest, dass die von Ihnen getätigten Geschäfte mit ... *(meinem Sohn/meiner Tochter)* gegen die guten Sitten verstoßen und Sie folglich keinen Anspruch auf Erfüllung etwaiger Forderungen haben.
Ich fordere Sie auf, uns schriftlich mitzuteilen, dass alle Forderungen gegen ... *(meinen Sohn/meine Tochter)* von Ihnen als gegenstandslos betrachtet werden.
Ich fordere Sie ferner auf, das Konto zu schließen und schriftlich zu erklären, dass keine Forderungen gegen ... *(meinen Sohn/meine Tochter)* mehr bestehen. Die Geschäftsbeziehung zwischen Ihnen und ... *(meinem Sohn/ meiner Tochter)* wird hiermit fristlos gekündigt, weil Ihr sittenwidriges und gegen die Vorschriften verstoßendes Verhalten die Vertrauensbasis für weitere Geschäftsbeziehungen zerstört hat.
Sollten Sie unseren Forderungen nicht innerhalb einer angemessenen Frist von 14 Tagen ab Absendedatum dieses Briefes nachkommen, mithin also bis zum ... *(Datum)*, ergeben sich weitere Schritte.

Mit freundlichen Grüßen

... *(Unterschrift)*

Werden Eltern möglicherweise unter Druck gesetzt – etwa im Sinne von: »Wir können auch ganz anders und alle Ihre Kredite kündigen« – sollten Verbraucherzentralen oder Anwälte eingeschaltet werden. Auch die staatliche Aufsicht könnte helfen.

Sorgen Sie als Eltern vor, wenn es die Kreditinstitute nicht leisten. Achten Sie bei den Konten Ihrer Kinder auf folgende Punkte:

**Probleme vermeiden**

- Konten von Kindern und Jugendlichen sollen nur auf »Guthaben-Basis« geführt werden.
- Minderjährigen sollten keine Verfügungsmöglichkeiten über ungedeckte Konten ermöglicht werden, also kein Dispokredit, keine Euroscheck-Karte.
- Seinem eigenen Nachwuchs sollte man erklären, dass es sich sorgenfreier ohne Schulden lebt.

## PRÜFKRITERIEN BEIM RATENKREDIT

Der Ratenkredit ist der typische Verbraucherkredit. Mit ihm können größere Anschaffungen finanziert werden, viele Geldinstitute bieten sie in Beträgen bis zu 50.000 DM an. Per Ratenkreditvertrag werden im Voraus feste Raten zur Rückführung vereinbart.

Die Tilgung erfolgt in gleichbleibenden Monatsraten, die sich aus einem rückläufigen Zins- und einem steigenden Tilgungsanteil zusammensetzen.

**Rückläufige Zinsen und steigende Tilgung**

Bei einer Sonderform des Ratenkredits wird aber auch unter Zugrundelegen eines monatlichen Zinssatzes eine Zinsrückzahlung vorgeschrieben, die sich über die gesamte Laufzeit auf den vollen Kreditbetrag bezieht.

In Anlehnung an das lateinische Wort »annus« (gleichbedeutend mit Jahr) wird die regelmäßig gezahlte Leistung einer Schuld Annuität genannt.

Der Betrag setzt sich aus Verzinsung und Tilgung zusammen, wobei der Zins auf die rückläufige Restschuld zu zahlen ist. Deshalb wird der Zinsanteil immer kleiner, der Tilgungsanteil entsprechend höher.

# Rechentabelle für Darlehens-Monatsraten

Faktoren für je 100,– DM Kreditsumme
(Ermittelt nach Standardformel mit monatlicher Zins- und Tilgungsverrechnung bei nachschüssiger Zahlungsweise. Anwendung: Kreditsumme durch 100 teilen und mit angegebenem Faktor für Zinssatz und Laufzeit multiplizieren, Beispiele siehe rechts unten und ab Seite 63)

| Zinssatz pro Jahr | Kreditlaufzeit in Monaten | | | | | | | | | | |
|---|---|---|---|---|---|---|---|---|---|---|---|
| | 12 | 18 | 24 | 30 | 36 | 42 | 48 | 54 | 60 | 66 | 72 |
| 6,00 % | 8,6066 | 5,8232 | 4,4321 | 3,5979 | 3,0422 | 2,6456 | 2,3485 | 2,1177 | 1,9333 | 1,7826 | 1,6573 |
| 6,25 % | 8,6181 | 5,8345 | 4,4433 | 3,6092 | 3,0535 | 2,6570 | 2,3600 | 2,1292 | 1,9449 | 1,7944 | 1,6691 |
| 6,50 % | 8,6296 | 5,8458 | 4,4546 | 3,6205 | 3,0649 | 2,6685 | 2,3715 | 2,1408 | 1,9566 | 1,8061 | 1,6810 |
| 6,75 % | 8,6412 | 5,8571 | 4,4659 | 3,6318 | 3,0763 | 2,6799 | 2,3830 | 2,1525 | 1,9683 | 1,8130 | 1,6929 |
| 7,00 % | 8,6527 | 5,8685 | 4,4773 | 3,6432 | 3,0877 | 2,6914 | 2,3946 | 2,1642 | 1,9801 | 1,8298 | 1,7049 |
| 7,25 % | 8,6642 | 5,8799 | 4,4886 | 3,6546 | 3 0992 | 2,7029 | 2,4062 | 2,1759 | 1,9919 | 1,8418 | 1,7169 |
| 7,50 % | 8,6757 | 5,8912 | 4,5000 | 3,6660 | 3,1106 | 2,7145 | 2,4179 | 2,1876 | 2,0038 | 1,8537 | 1,7290 |
| 7,75 % | 8,6873 | 5,9026 | 4,5113 | 3,6774 | 3,1221 | 2,7261 | 2,4296 | 2,1994 | 2,0157 | 1,8658 | 1,7411 |
| 8,00 % | 8,6988 | 5,9140 | 4,5227 | 3,6888 | 3,1336 | 2,7377 | 2,4413 | 2,2112 | 2,0276 | 1,8778 | 1,7533 |
| 8,25 % | 8,7104 | 5,9254 | 4,5341 | 3,7003 | 3,1452 | 2,7493 | 2,4530 | 2,2231 | 2,0396 | 1,8899 | 1,7656 |
| 8,50 % | 8,7720 | 5,9369 | 4,5456 | 3,7118 | 3,1568 | 2,7610 | 2,4648 | 2,2350 | 2,0517 | 1,9021 | 1,7778 |
| 8,75 % | 8,7336 | 5,9483 | 4,5570 | 3,7233 | 3,1684 | 2,7727 | 2,4767 | 2,2470 | 2,0637 | 1,9143 | 1,7902 |
| 9,00 % | 8,7451 | 5,9598 | 4,5685 | 3,7348 | 3,1800 | 2,7845 | 2,4885 | 2,2589 | 2,0758 | 1,9265 | 1,8026 |
| 9,25 % | 8,7567 | 5,9712 | 4,5800 | 3,7464 | 3,1916 | 2,7962 | 2,5004 | 2,2710 | 2,0880 | 1,9388 | 1,8150 |
| 9,50 % | 8,7684 | 5,9827 | 4,5914 | 3,7579 | 3,2033 | 2,8080 | 2,5123 | 2,2830 | 2,1002 | 1,9512 | 1,8275 |
| 9,75 % | 8,7800 | 5,9942 | 4,6030 | 3,7695 | 3,2150 | 2,8198 | 2,5243 | 2,2951 | 2,1124 | 1,9635 | 1,8400 |
| 10,00 % | 8,7916 | 6,0057 | 4,6145 | 3,7811 | 3,2267 | 2,8317 | 2,5363 | 2,3072 | 2,1247 | 1,9760 | 1,8526 |
| 10,25 % | 8,8032 | 6,0172 | 4,6260 | 3,7928 | 3,2385 | 2,8436 | 2,5483 | 2,3194 | 2,1370 | 1,9884 | 1,8652 |
| 10,50 % | 8,8149 | 6,0288 | 4,6376 | 3,8044 | 3,2502 | 2,8555 | 2,5603 | 2,3316 | 2,1494 | 2,0010 | 1,8779 |
| 10,75 % | 8,8265 | 6,0403 | 4,6492 | 3,8161 | 3,2620 | 2,8674 | 2,5724 | 2,3439 | 2,1618 | 2,0135 | 1,8906 |
| 11,00 % | 8,8382 | 6,0519 | 4,6608 | 3,8278 | 3,2739 | 2,8794 | 2,5846 | 2,3561 | 2,1742 | 2,0261 | 1,9034 |
| 11,25 % | 8,8498 | 6,0634 | 4,6724 | 3,8395 | 3,2857 | 2,8914 | 2,5967 | 2,3685 | 2,1867 | 2,0338 | 1,9162 |
| 11,50 % | 8,8615 | 6,0750 | 4,6840 | 3,8513 | 3,2976 | 2,9034 | 2,6089 | 2,3808 | 2,1993 | 2,0515 | 1,9291 |
| 11,75 % | 8,8732 | 6,0866 | 4,6957 | 3,8630 | 3,3095 | 2,9155 | 2,6211 | 2,3932 | 2,2118 | 2,0643 | 1,9420 |
| 12,00 % | 8,8849 | 6,0982 | 4,7073 | 3,8748 | 3,3214 | 2,9276 | 2,6334 | 2,4057 | 2,2244 | 2,0771 | 1,9550 |

| Zinssatz pro Jahr | Kreditlaufzeit in Monaten | | | | | | | | | | |
|---|---|---|---|---|---|---|---|---|---|---|---|
| | 12 | 18 | 24 | 30 | 36 | 42 | 48 | 54 | 60 | 66 | 72 |
| 12,25 % | 8,8966 | 6,1098 | 4,7190 | 3,8866 | 3,3334 | 2,9397 | 2,6457 | 2,4181 | 2,2371 | 2,0899 | 1,9680 |
| 12,50 % | 8,9083 | 6,1215 | 4,7307 | 3,8984 | 3,3454 | 2,9518 | 2,6580 | 2,4306 | 2,2498 | 2,1028 | 1,9811 |
| 12,75 % | 8,9200 | 6,1331 | 4,7424 | 3,9103 | 3,3574 | 2,9640 | 2,6704 | 2,4432 | 2,2625 | 2,1157 | 1,9942 |
| 13,00 % | 8,9317 | 6,1448 | 4,7542 | 3,9222 | 3,3694 | 2,9762 | 2,6827 | 2,4558 | 2,2753 | 2,1287 | 2,0074 |
| 13,25 % | 8,9435 | 6,1564 | 4,7659 | 3,9340 | 3,3814 | 2,9884 | 2,6952 | 2,4684 | 2,2881 | 2,1417 | 2,0206 |
| 13,50 % | 8,9552 | 6,1681 | 4,7777 | 3,9460 | 3,3935 | 3,0007 | 2,7076 | 2,4810 | 2,3010 | 2,1548 | 2,0339 |
| 13,75 % | 8,9670 | 6,1798 | 4,7895 | 3,9579 | 3,4056 | 3,0130 | 2,7201 | 2,4937 | 2,3139 | 2,1679 | 2,0472 |
| 14,00 % | 8,9787 | 6,1915 | 4,8013 | 3,9698 | 3,4178 | 3,0253 | 2,7326 | 2,5065 | 2,3268 | 2,1810 | 2,0606 |
| 14,25 % | 8,9905 | 6,3032 | 4,8131 | 3,9818 | 3,4299 | 3,0377 | 2,7452 | 2,5192 | 2,3398 | 2,1942 | 2,0740 |
| 14,50 % | 9,0023 | 6,2150 | 4,8249 | 3,9938 | 3,4421 | 3,0501 | 2,7578 | 2,5320 | 2,3528 | 2,2075 | 2,0874 |
| 14,75 % | 9,0140 | 6,2267 | 4,8368 | 4,0058 | 3,4543 | 3,0625 | 2,7704 | 2,5449 | 2,3659 | 2,2207 | 2,1009 |
| 15,00 % | 9,0285 | 6,2385 | 4,8487 | 4,0179 | 3,4665 | 3,0749 | 2,7831 | 2,5578 | 2,3790 | 2,2341 | 2,1145 |
| 15,25 % | 9,0376 | 6,2503 | 4,8606 | 4,0299 | 3,4788 | 3,0874 | 2,7958 | 2,5707 | 2,3921 | 2,2474 | 2,1281 |
| 15,50 % | 9,0494 | 6,2620 | 4,8725 | 4,0420 | 3,4911 | 3,0999 | 2,8085 | 2,5836 | 2,4053 | 2,2609 | 2,1417 |
| 15,75 % | 9,0613 | 6,2738 | 4,8844 | 4,0541 | 3,5034 | 3,1124 | 2,8212 | 2,5966 | 2,4185 | 2,2743 | 2,1554 |
| 16,00 % | 9,0731 | 6,2856 | 4,8963 | 4,0662 | 3,5157 | 3,1250 | 2,8340 | 2,6096 | 2,4318 | 2,2878 | 2,1692 |
| 16,25 % | 9,0849 | 6,2975 | 4,9083 | 4,0783 | 3,5281 | 3,1375 | 2,8468 | 2,6227 | 2,4451 | 2,3014 | 2,1830 |
| 16,50 % | 9,0968 | 6,3093 | 4,9202 | 4,0905 | 3,5404 | 3,1501 | 2,8597 | 2,6358 | 2,4585 | 2,3149 | 2,1968 |
| 16,75 % | 9,1086 | 6,3211 | 4,9322 | 4,1027 | 3,5528 | 3,1628 | 2,8726 | 2,6489 | 2,4718 | 2,3286 | 2,2107 |
| 17,00 % | 9,1205 | 6,3330 | 4,9442 | 4,1149 | 3,5653 | 3,1755 | 2,8855 | 2,6621 | 2,4853 | 2,3423 | 2,2246 |
| 17,25 % | 9,1323 | 6,3449 | 4,9562 | 4,1271 | 3,5777 | 3,1882 | 2,8985 | 2,6753 | 2,4987 | 2,3560 | 2,2386 |
| 17,50 % | 9,1442 | 6,3568 | 4,9683 | 4,1394 | 3,9502 | 3,2009 | 2,9114 | 2,6885 | 2,5122 | 2,3697 | 2,2526 |
| 17,75 % | 9,1561 | 6,3687 | 4,9803 | 4,1516 | 3,6027 | 3,2136 | 2,9245 | 2,7018 | 2,5258 | 2,3835 | 2,2667 |
| 18,00 % | 9,1680 | 6,3806 | 4,9924 | 4,1639 | 3,6152 | 3,2264 | 2,9375 | 2,7151 | 2,5393 | 2,3974 | 2,2808 |

Hinweis zur Tabelle: Lassen Sie sich nicht irritieren, wenn Sie die Tabelle testen wollen und bei einer Kreditsumme von 1.000,– DM und 10 % Zinsen für ein Jahr einen Faktor von 8,7916 finden (Monatsrate danach 87,92 DM, Gesamtbetrag etwa 1.055,– DM). Wenn Sie wegen der 10 Prozent mit 1.100,– DM gerechnet haben: Wegen der monatlichen Zins- und Tilgungsverrechnung sind nur im ersten Monat wirklich 10 Prozent auf 1.000,– DM zu bezahlen, im zweiten Monat aber ist durch die erste Rate bereits ein Teil der Schuld getilgt.

Für Mathematiker: Durch Annäherungswerte sind geringfügige Abweichungen zu Computerberechnungen möglich.

Bekannt ist der Ratenkredit auch unter den folgenden Bezeichnungen:

- Anschaffungsdarlehen
- Kleinkredit
- Allzweckdarlehen
- Teilzahlungskredit
- Wunschdarlehen
- Konsumentenkredit

Ein gemeinsames Merkmal jedoch haben alle diese Varianten: Die Rückzahlung erfolgt mit stets gleichen monatlichen Zahlungen (= Raten). Lediglich die erste oder letzte Rate weicht von den restlichen Raten geringfügig ab, damit sich für die anderen Raten ein runder Betrag ergibt.

Diese Kredite zeichnen sich dadurch aus, dass

**Gleich-bleibende Monatsraten**

- Eine feste Laufzeit vereinbart wird
- Bis zur völligen Rückzahlung oder für eine festgelegte Zeit der Zinssatz sich nicht verändert
- Gleichbleibende Rückzahlungsraten vereinbart werden
- In den Ratenzahlungen sowohl Zinsen als auch Tilgung (Rückzahlung) des Gesamtbetrages enthalten sind
- Der Zinsanteil an den Rückzahlungsraten geringer wird
- Der Tilgungsanteil mit fortschreitender Laufzeit größer wird

Deshalb gibt es bei allen Annuitätendarlehen (Ratenkredite, Hypotheken) bessere Vergleichsmöglichkeiten als nur den Vergleich des Effektivzinssatzes.

## Kreditangebote selber berechnen

Die wirklich aussagefähige Größe bei jedem Vergleich von verschiedenen Kreditangeboten sind deshalb die Gesamtkosten: Da erfährt der Kunde tatsächlich auf Mark und Pfennig, was er bis zum Ende der Ausleih- oder Zinsfestlegungszeit bezahlen muss (alle Monatsraten und Bearbeitungskosten zusammenzählen und davon den ausgezahlten Nettokreditbetrag abziehen). Wirklich miteinander vergleichen lassen sich jedoch nur Kredite mit gleichem Auszahlungsbetrag und mit gleicher Lauf- oder Zinsbindungszeit.

### Expertentipp

Der Effektivzins-Vergleich verleitet dazu, dass bei gleichem Auszahlungsbetrag vielfach nur dieser Zinssatz und die monatliche Ratenhöhe genau betrachtet werden. Und da lauert die Falle: Auch wenn der Effektivzins bei zwei Angeboten gleich ist, wird das Angebot mit der längeren Laufzeit zum Teil erheblich teurer – weil der Zinssatz länger zu bezahlen ist.

*Am wichtigsten sind Laufzeit und Gesamtkosten*

Mit der Tabelle Seite 60/61 kann für jedes Kreditangebot selbst ausgerechnet werden, wie sich Monatsrate und Gesamtkosten eines Darlehens durch eine Veränderung der Laufzeit beeinflussen lassen. So können Sie Ihre Darlehens-Monatsraten selbst berechnen. Um mit der Tabelle arbeiten zu können, brauchen Sie nur die Angabe des Zinssatzes (z. B. aus dem Angebot Ihrer Bank oder Sparkasse) und unsere Tabelle. Die folgenden Rechenbeispiele zeigen Ihnen, wie's geht.

### Der schnelle Durchblick mit der Tabelle auf Seite 60/61:

***Beispiel 1:*** *Angenommen, Sie bekommen folgendes Darlehensangebot von Ihrem Geldinstitut:*

| | |
|---|---|
| Kreditsumme: | 25.000,– DM |
| Nominalzins: | 10 Prozent |
| Laufzeit: | 42 Monate |
| Monatsrate: | 707,92 DM |
| Gesamtaufwand: | 29.732,64 DM |

*Rechenbeispiel*

*Dieses Angebot sagt Ihnen vom Zinssatz her zu, Sie wollen aber niedrigere Raten bezahlen und dafür eine längere Laufzeit eingehen. Um sich auf das Gespräch mit dem Kreditsachbearbeiter richtig vorzubereiten, können Sie mit Hilfe der Tabelle selbst die Belastungen bei z. B. 60 Monaten Laufzeit herausfinden.*

*1. Schritt: Gehen Sie in der linken Spalte zur Angabe »10 %«*
*2. Schritt: Gehen Sie von dort nach rechts in die Spalte »60 Monate«*
*3. Schritt: Schreiben Sie sich dort die Zahl 2,1247 heraus*

*4. Schritt: Rechnen Sie nun mit der nachfolgenden Formel
Rechentipp: Das Wegstreichen von zwei Nullen bei der
Darlehenssumme macht die Teilung durch 100 überflüssig –
Sie multiplizieren nur den um zwei Nullen gekürzten Darle-
hensbetrag mit dem Faktor aus der Tabelle.*

$$\frac{25.000 \text{ DM (Darlehensbetrag)} \times 2{,}1247 \text{ (Faktor aus Tabelle)}}{100} = 531{,}18 \text{ DM}$$

Eine längere
Laufzeit
ist teuer

*Ergebnis: Durch die längere Laufzeit sinkt also die Monats-
rate von 707,92 auf 531,18 DM, der Gesamtaufwand
(531,18 DM × 60 Monate) erhöht sich aber von 29.732,64
auf 31.870,80 DM. Neben der eigentlichen Kreditsumme
von 25.000,– DM müssen Sie also fast 7.000,– DM an Zinsen zurückzahlen.*

**Beispiel 2:** *Das ist Ihnen zu teuer. Sie beschließen deshalb,
sich lieber vorübergehend etwas mehr einzuschränken und
eine kürzere Laufzeit von nur 24 Monaten einzugehen.
1. Schritt: Gehen Sie in der linken Spalte zur Angabe »10 %«
2. Schritt: Gehen Sie in die rechte Spalte »24 Monate«
3. Schritt: Schreiben Sie sich dort die Zahl 4,6145 heraus
4. Schritt: Rechnen Sie nach derselben Formel wie oben*

$$\frac{25.000 \text{ DM (Darlehensbetrag)} \times 4{,}6145 \text{ (Faktor aus Tabelle)}}{100} = 1.153{,}63 \text{ DM}$$

*Ergebnis: Die Rate hat sich gegenüber dem ursprünglichen
Angebot des Instituts von 707,92 auf rund 1.153,– DM
erhöht, bei 24 Monatsraten ergibt sich daraus aber nur ein
Gesamtaufwand von 27.687,12 DM (ursprüngliches Bank-
angebot: 29.732,64 DM). Die Einschränkung wegen der
höheren Monatsrate bringt Ihnen also eine Ersparnis von
rund 2.000,– DM.*

Gegenüber einer Computerberechnung können durch die
Tabelle leichte Ungenauigkeiten auftreten, die sich aber auf

die Gesamtbelastung nur sehr geringfügig auswirken. Soll die Bearbeitungsgebühr mitfinanziert und dann vom Institut einbehalten werden, muss für ein noch präziseres Ergebnis nur der Kreditbetrag in der Rechenformel um den Betrag der Bearbeitungskosten erhöht werden. Bei den üblichen zwei Prozent Bearbeitungsgebühren (also 500,– für 25.000,– DM Darlehenssumme) müsste in den obigen Rechenbeispielen ein Darlehensbetrag von 25.500,– DM eingesetzt werden.

## So vergleichen Sie richtig

Zwischen den Kreditinstituten gibt es deutliche Unterschiede bei den Konditionen für Dispositions- und Ratenkredite – ein Vergleich lohnt sich also unbedingt. Das erfordert allerdings ein wenig Zeit für die Anfrage nach den aktuellen Konditionen bei verschiedenen Instituten. Dabei sollten Sie ruhig jedem Kreditinstitut von Ihrer Suche nach dem günstigsten Kredit erzählen. Die Banken und Sparkassen sollen wissen, dass Sie auch mit der Konkurrenz im Gespräch sind. Konkurrenz belebt das Geschäft – und lässt oft die Kosten ein wenig sinken.

*Mehrere Angebote einholen*

Dann ist der jeweilige Kreditberater am Zuge. Verlangen Sie von ihm ein schriftliches Kreditangebot, das folgende Angaben beinhaltet:

### Diese Punkte dürfen im Kreditangebot nicht fehlen

1. Die Höhe des Auszahlungsbetrages (Vergleiche sind natürlich nur bei identischen Summen möglich)
2. Die Laufzeit des Darlehens (auch hier können nur Angebote mit derselben Laufzeit verglichen werden, üblich sind 12 bis 72 Monate)
3. Die Angabe von Nominal- und Effektivzinssatz
4. Die Höhe der Monatsraten
5. Die Höhe der Bearbeitungsgebühr (üblich sind 2 % der Darlehenssumme)
6. Die Kosten einer eventuell verlangten Restschuldversicherung
7. Der Gesamtaufwand, den Sie zu tragen haben

Wenn die Angaben vorhanden sind, erleichtert eine Übersicht den Vergleich der verschiedenen Kreditangebote – wir haben dafür die folgende Checkliste entwickelt.

## Checkliste: Kreditangebot

Kostenvergleich für einen Ratenkredit

| Das muss im Angebot stehen: | 1. Angebot von ... | 2. Angebot von ... | 3. Angebot von ... |
|---|---|---|---|
| Laufzeit | | | |
| Nominalzinssatz (reiner Ausleihzins) | | | |
| Effektivzinssatz (Nominalzinssatz einschl. aller anderen Kosten) | | | |
| Monatliche Rate | | | |
| Auszahlungsbetrag | | | |
| Bearbeitungsgebühren | + | + | + |
| Restschuldversicherung | + | + | + |
| Gesamtaufwand (Summe aller Zahlungen an das Geldinstitut) | = | = | = |
| ausgezahlten Kreditbetrag vom Gesamtaufwand abziehen | – | – | – |
| Gesamtkosten des Kredits | = | = | = |

Bei Ratenkrediten machen Unterschiede zwischen teuren und billigen Instituten durchschnittlich vier, in Einzelfällen (z. B. bei Kreditvermittlern) auch mehr Prozentpunkte aus. Besonderheiten gelten für die genossenschaftlich organisierten Sparda-Banken, die keine bundeseinheitlichen Konditionen bieten, aber bei allen Vergleichen mit zu den günstigsten Kreditanbietern gehören.

Die Adressen der regionalen Sparda-Banken finden Sie in ihrem örtlichen Telefonbuch.

**Durchschnittlich vier Prozentpunkte Unterschied**

Auch Großbanken (Deutsche Bank, Dresdner Bank, Commerzbank u. a.) liegen regional gesehen manchmal in der Spitzengruppe mit den besten Angeboten. Dies hängt aber stark vom örtlichen Geldmarkt ab, dem sich die Institute dann anpassen.

Großbanken sollten bei Preisvergleichen durchaus berücksichtigt werden. Die nächstgelegene Filiale finden Sie in Ihrem örtlichen Telefonbuch.

## Teure Restschuldversicherung

Häufig werden Ratenkreditverträge um einen Vertragsbestandteil »bereichert«, nämlich um die Restschuldversicherung. Diese Versicherung übernimmt bei Tod oder gegebenenfalls auch bei Krankheit oder Arbeitsunfähigkeit der versicherten Person die Rückzahlung des Kredits.

Stößt dem Hauptverdiener etwas zu bzw. wird er krank, muss sich die Familie nicht mit den Schulden herumplagen, sondern kann die abgeschlossene Restschuldversicherung in Anspruch nehmen.

*Wenn dem Hauptverdiener etwas zustößt*

Dies klingt unmittelbar einleuchtend und sinnvoll. Manchmal kann man sich eine Restschuldversicherung allerdings auch sparen. Denn viele Kreditnehmer besitzen bereits eine Versicherung für diesen Fall: eine Risiko- oder Kapitallebensversicherung.

### Expertentipp

Besteht z. B. bereits eine Risiko- oder Kapitallebensversicherung, dann sollte man zunächst checken, ob diese Versicherung nicht als Risikovorsorge herangezogen werden kann. Weisen Sie dann beim Kreditvertrag einfach darauf hin, dass Sie eine Lebensversicherung haben. Eventuell reicht für Ihren Kredit auch schon eine Teilabtretung der Versicherungssumme aus einem vorhandenen Vertrag an die Bank.

Abgesehen davon sind die Beiträge für eine Restschuldversicherung im Vergleich zur Schuldenhöhe und damit zur Versicherungssumme vergleichsweise hoch.

Denn was der Kreditberater meistens verschweigt, ist die Tatsache, dass es sich bei der Restschuldversicherung um ein lukratives Zusatzgeschäft der Banken handelt. Und oft sind die damit verkauften Versicherungen erheblich teurer als vergleichbare Angebote, die man sich auf dem freien Markt besorgen kann.

**Expertentipp**

Eine Restschuldversicherung kann frei gewählt werden

Wenn Sie sich zu einer Restschuldversicherung entschließen, dann haben Sie die freie Wahl. Kein Kreditnehmer kann gezwungen werden, die ihm von der Bank empfohlene Restschuldversicherung abzuschließen. Sie können sich selbst ein günstiges Angebot suchen und den Vertrag frei abschließen.

Üblicherweise wird die Prämie für die Restschuldversicherung bei den Darlehensverträgen gleich mitfinanziert. Somit erhöht sich der zu verzinsende Nettokredit und auch noch die darauf bezogene Bearbeitungsgebühr.

Bei der Berechnung des Effektivzinses finden jedoch weder Prämie noch anteilige Bearbeitungsgebühren eine Berücksichtigung.

Und: Wird ein Ratenkredit vorzeitig zurückgezahlt, hat der Versicherungsnehmer Anspruch auf Erstattung der nicht verbrauchten Versicherungsprämie.

# DURCHBLICK BEI DER IMMOBILIENFINANZIERUNG

Eine Baufinanzierung ist nicht so schnell auf die Beine gestellt wie ein Ratenkredit. Grundsätzlich sind bei einem Baudarlehen die Summen höher als bei den Ratenkrediten. Nach nur wenigen Gesprächen mit verschiedenen Kreditinstituten herrscht beim Kunden häufig Verwirrung. Denn eine Baufinanzierung ist eine Mischung aus mehreren Darlehen. Dazu kommen zahlreiche Kriterien, die berücksichtigt werden müssen, wie zum Beispiel Tilgung, Zinsbindung und -anpassung oder die Sache mit dem Disagio. Außerdem müssen Entscheidungen getroffen werden bezüglich der Höhe des Eigenkapitals, Darlehensgrenze, monatliche Belastung und Gesamtkostengrenze.

*Mischung aus mehreren Krediten*

Nicht vergessen darf man die Finanzierungsnebenkosten, die sich bei den Geldinstituten häufig unterscheiden. Zur Auswahl stehen darüber hinaus aber auch verschiedene Finanzierungsmöglichkeiten und -bausteine.

Wer sich bei der Suche nach der optimalen Finanzierung blind auf ein Kreditinstitut verlässt, ist nicht gut beraten. Die Finanzierung setzt sich aus vielen Komponenten zusammen, so dass man leicht den Überblick verliert und zum Schluss nicht erkennt, ob es sich um ein gutes oder ein schlechtes Angebot handelt.

Wenn Sie mit dem Kauf oder Bau einer Immobilie liebäugeln, sollten Sie dieses Kapitel sorgfältig lesen. Denn je besser Sie Bescheid wissen, desto weniger können Banken und Sparkassen Ihnen »ein X für ein U vormachen«.

## DIE SACHE MIT DER TILGUNG

Die Jahresleistung für das Darlehen errechnet sich aus dem Nominalzinssatz und aus dem (anfänglichen) Tilgungssatz. Durch die sofortige Tilgungsanrechnung verringert sich die

Restschuld, wodurch sich der in der Jahresleistung versteckte Zinsanteil verringert, während der Tilgungsanteil stetig ansteigt. Aus diesem Grund wird dieser Darlehenstyp auch Tilgungsdarlehen genannt, was seinen Charakter eigentlich noch präziser wiedergibt.

Der folgende Tilgungsplan, der zu jedem Annuitätendarlehen aufgestellt wird, zeigt beispielhaft, wie sich der Zinsanteil zugunsten einer höheren Tilgung verändert.

## Tilgungsplan für ein Annuitätendarlehen über 100.000,– DM

Die Monatsrate bleibt während der gesamten Zinsfestschreibungszeit (hier: 10 Jahre) gleich.
Sie beträgt 625,– DM, was zu gleichbleibenden Jahreszahlungen von 7.500,– DM führt.

| Jahr | Zinsen hier 6,5 % in DM | Tilgung hier 1 % in DM | Restschuld am 1. Jan. abzüglich Tilgung = **Restschuld am 31. Dez.** |
|---|---|---|---|
| 1 | 6.470 | 1.030 | **98.970** |
| 2 | 6.401 | 1.099 | **97.870** |
| 3 | 6.327 | 1.173 | **96.697** |
| 4 | 6.248 | 1.252 | **95.446** |
| 5 | 6.165 | 1.335 | **94.111** |
| 6 | 6.075 | 1.425 | **92.686** |
| 7 | 5.980 | 1.520 | **91.166** |
| 8 | 5.878 | 1.622 | **89.544** |
| 9 | 5.769 | 1.731 | **87.813** |
| 10 | 5.653 | 1.847 | **85.966** |
| alle Beträge gerundet, deshalb Differenzen bis zu 1,– DM | | | |

Gleich-
bleibende
Jahres-
zahlungen

Die Tilgungspläne, die den Kunden ausgehändigt werden, geben deshalb den genauen Stand der Restschuld nach jeder monatlichen Zahlung wieder – für den gesamten Zeitraum der Zinsfestschreibung.

## Wie Laufzeit, Zins und Tilgung zusammenhängen

Die Laufzeit des Darlehens wird durch die Höhe der Anfangs-
tilgung bestimmt. Durch den stetig steigenden Tilgungsanteil erklärt sich, dass ein Tilgungsdarlehen mit (anfänglicher)
Tilgung von einem Prozent nicht etwa 100 Jahre, sondern in
Abhängigkeit vom Zinssatz nur ca. 25–30 Jahre läuft.

### So wirkt sich der Zinssatz auf Ihre Kosten aus

Die Tabelle zeigt, wie sich die Gesamtkosten eines Darlehens über
100.000,– DM (100 Prozent Auszahlung) mit einer Anfangs-
tilgung von einem Prozent durch den Zinssatz verändern.

| Zinssatz | Monatsrate | Laufzeit | Gesamtzahlungen |
|----------|------------|----------|-----------------|
| 6,0 % | 583,33 DM | 32,58 Jahre | 227.592 DM |
| 7,0 % | 666,67 DM | 29,83 Jahre | 238.338 DM |
| 7,5 % | 708,33 DM | 28,67 Jahre | 243.299 DM |
| 8,0 % | 750,00 DM | 27,58 Jahre | 248.008 DM |
| 8,5 % | 791,67 DM | 26,58 Jahre | 252.497 DM |
| 9,0 % | 833,33 DM | 25,75 Jahre | 256.804 DM |
| 9,5 % | 875,00 DM | 24,92 Jahre | 260.915 DM |

Diese Tabelle verdeutlicht, was im Zeitraum der Finanzierung
für ein Darlehen zurückgezahlt werden muss. Die letzte Spalte weist den Betrag aus. Nehmen wir beispielhaft den Zinssatz
von 8 Prozent. Im Zeitraum der Finanzierung von 27,58 Jahren wird man insgesamt 248.008,– DM an das Kreditinstitut
zurückgezahlt haben. Das entspricht etwa dem Zweieinhalb-
fachen des ausgeliehenen Betrages.

Die Länge
der Laufzeit
gründlich
überdenken

**Kürzere Laufzeiten sind jederzeit möglich,** allerdings
muss dann der anfängliche Tilgungssatz erhöht werden.
Das führt natürlich auch zu einer höheren Belastung, ein
Aufwand, den man sich als Bauherr vorher ganz genau
überlegen sollte.

Die Standardkonditionen von Baudarlehen sehen meistens einen Tilgungssatz von einem Prozent vor. Wer jedoch eine höhere finanzielle Belastung eingehen kann und will, sollte einen höheren Tilgungssatz wählen. Außerdem sollte im Vertrag aufgenommen werden, dass Sondertilgungen möglich sind, denn dann können zwischenzeitlich zur Verfügung stehende Gelder sofort zur Schuldensenkung eingebracht werden. Die Probleme bei der sonst teuren vorzeitigen Darlehensablösung werden von vornherein vermieden.

*Sondertilgungsmöglichkeit vereinbaren*

Die folgende Übersicht zeigt, wie sich diese Zeitspanne in Abhängigkeit von Zins- und Tilgungssatz verändert. Beachten Sie den Mechanismus, dass bei höheren Zinsen die Tilgungsdauer sinkt!

## So lange dauert die Rückzahlung eines Darlehens

| Tilgung | Zinssatz (Nominalzins) pro Jahr | | | | | | |
|---|---|---|---|---|---|---|---|
| | 6 % | 7 % | 7,5 % | 8 % | 8,5 % | 9 % | 9,5 % |
| | Tilgungsdauer in Jahren | | | | | | |
| 1 % | 32,58 | 29,83 | 28,67 | 27,58 | 26,58 | 25,75 | 24,92 |
| 2 % | 23,17 | 21,58 | 20,92 | 20,25 | 19,58 | 19,08 | 18,50 |
| 3 % | 18,42 | 17,25 | 16,83 | 16,33 | 15,92 | 15,50 | 15,08 |
| 4 % | 15,33 | 14,50 | 14,17 | 13,83 | 13,50 | 13,17 | 12,92 |
| 5 % | 13,25 | 12,58 | 12,33 | 12,00 | 11,75 | 11,50 | 11,33 |
| 6 % | 11,58 | 11,08 | 10,92 | 10,67 | 10,50 | 10,25 | 10,08 |
| 7 % | 10,42 | 10,00 | 9,75 | 9,58 | 9,42 | 9,25 | 9,08 |
| 8 % | 9,42 | 9,08 | 8,92 | 8,75 | 8,58 | 8,42 | 8,33 |
| 9 % | 8,58 | 8,25 | 8,17 | 8,00 | 7,92 | 7,75 | 7,67 |
| 10 % | 7,92 | 7,67 | 7,50 | 7,42 | 7,33 | 7,17 | 7,08 |

Der Zinssatz für Tilgungsdarlehen kann unterschiedlich lang festgeschrieben werden. Üblich sind die Standardlaufzeiten über zwei Jahre, fünf Jahre, zehn Jahre. Möglich ist aber auch eine Vereinbarung über variable Zinsen, die sich jederzeit an das Marktgeschehen anpassen. Ausnahmen sind dagegen Festschreibungen über 15 Jahre und länger, wobei auch eine Zinsbindung über die gesamte Laufzeit des Kreditvertrages verhandelbar wäre.

## WAS BEI DER ZINSBINDUNG
### ZU BEACHTEN IST

Es kommt immer wieder vor, dass Kreditnehmer nach Kreditabschluss verärgert sind, weil sie aufgrund von neuen Zinsentwicklungen mit einer anderen Zinsbindung besser dagestanden wären. Doch bei engem finanziellen Spielraum geht das Kriterium der Sicherheit vor der eventuell preiswerteren Variante.

---

**Expertentipp**

Üblich sind Zeiträume von fünf oder zehn Jahren, für die der anfangs vereinbarte Zins gilt. Sind die Zinsen günstig, sollte ein möglichst langer Zinsbindungszeitraum bis hin zur gesamten Laufzeit vereinbart werden. Bei einem hohen Zinsniveau dagegen sollte nur eine kurze Zinsbindung (z. B. zwei Jahre) festgeschrieben oder ein variabler Zinssatz gewählt werden. Das eröffnet die Chance, bei sinkenden Zinsen neue Konditionen zu vereinbaren und übers Jahr ein paar hundert oder tausend Mark zu sparen.

*Die richtige Zinsbindung hilft sparen*

---

Als Orientierungshilfe ist es unumgänglich, das aktuelle Geschehen auf dem Kapitalmarkt zu beobachten. Aufschluss kann dabei z. B. der durchschnittliche Zinssatz für Hypothekarkredite gehen (Monatsberichte der Deutschen Bundesbank). In einer Hochzinsphase kann man nur ahnen, ob man am Beginn oder am Ende einer Hochzinsphase steht. Da entsprechende Prognosen von Experten nicht wirklich zuverlässig sind, sollte die Zinsbindung dann so kurz wie möglich gewählt werden.

Nach Ablauf der Zinsbindungsdauer kann über die Konditionen und über eine weitere Zinsbindungsdauer neu verhandelt werden. Da die Zinsentwicklung zum Ablauf der Bindungsdauer aber von niemandem vorausgesagt werden kann, besteht zum Ablauf der Zinsbindung immer Unsicherheit.

*Vorteile verbucht der Kunde,* wenn der Zins am Geldmarkt sinkt. Dann verringert sich die Monatsrate. Da sich die Restlaufzeit des Darlehens allerdings dadurch verlängern kann, kann der Tilgungssatz möglicherweise erhöht werden.

*Nachteile erleidet der Kunde,* wenn der Zins am Geldmarkt steigt. Diese Situation kann äußerst problematisch werden: Es ist nämlich unwahrscheinlich, dass nach einer erst kurzen Darlehenslaufzeit die monatliche Rate gleich bleiben kann.

**Finanzielle Reserven einkalkulieren** Vielmehr erhöht sich die Rate zwangsläufig, wenn nicht ein niedrigerer Tilgungssatz gewählt wird. Davon ist aber zumindest beim Standardsatz von einem Prozent dringend abzuraten, weil sich die Laufzeit sonst meist in unvertretbarer Weise verlängern würde. Ein Beispiel:

| Böse Folgen: Zinsanstieg nach fünf Jahren | | |
|---|---|---|
| Datum der Kreditaufnahme | 1.12.1999 | 1.12.2004 |
| Darlehensschuld zum Stichtag | 200.000,– DM | 188.371,– DM |
| Zinssatz | 6 % | 8,5 % |
| Zinsbindung | 5 Jahre | keine/variabel |
| Gesamtlaufzeit | 32,6 Jahre | 31,6 Jahre |
| **Monatsrate** | **1.166,67 DM** | **1.491,27 DM** |

Wohl dem, der jetzt noch Reserven im Monatsbudget hat. Denn durch den Zinssprung von den ursprünglich vereinbarten sechs Prozent für fünf Jahre fest auf 8,5 Prozent muss die monatliche Rate von 1.166,67 DM auf 1.491,27 DM angehoben werden. Dass sich die Gesamtlaufzeit dabei um ein Jahr verkürzt, ist nur ein geringer Trost. Wobei der Kreditnehmer in diesem Fall klug handelt, wenn er jetzt nicht eine lange Zinsbindung eingeht, sondern mit dem variablen Satz oder einer zweijährigen Bindung auf ein sinkendes Preisniveau am Geldmarkt setzt.

**Steigt der Zins,** so dass Sie nach der abgelaufenen Zinsbindungsfrist einen höheren Zins akzeptieren müssen, werden höhere Monatsraten auf Sie zukommen. Ohne Reserven kann in einem solchen Fall die gesamte Finanzierung zusammenbrechen.

Tritt ein Zinssprung jedoch erst nach längerer Laufzeit (z. B. zehn Jahre) ein, schlägt die Mehrbelastung nicht mehr so stark durch. Grund ist die geringere Restschuld, die dann ja Grundlage für die Zinsberechnung und Ratenhöhe ist.

Ist der Zins allerdings festgeschrieben, kann er sich nicht verändern. Der Kreditnehmer kann dann sicher sein, dass die Belastung stets gleich bleibt. Daraus folgt: Sind keine Reserven drin, hilft langfristige Zinsfestschreibung.

Wer absehbar über keine oder wenig Reserven verfügt, sollte immer eine langfristige Festschreibung wählen. Mindestens zehn Jahre sind dabei empfehlenswert. Und zwar auch dann, wenn die Konditionen für die längere Festschreibung um 0,5 bis einen Prozentpunkt über denen für kurze Laufzeiten liegen.

*Lange Zinsfestschreibung*

## Die Nachteile der Zinsbindung

Die Festschreibung bietet zwar Sicherheit vor steigenden Zinsen, hat aber auch einen Haken: Der Ausstieg aus dem Vertrag ist für beide Seiten fast unmöglich. Will der Kreditnehmer zu Zeiten fallender Zinsen gern auf ein günstigeres Darlehen umsatteln, ist dies kaum durchführbar. Die Banken erheben in solchen Fällen erhebliche Vorfälligkeitsentschädigungen. Ausnahmen ergeben sich eventuell bei kurzen Restzeiten der Zinsbindung (siehe auch Seite 135 ff.). Ein weiterer Nachteil besteht darin, dass normalerweise keine Sondertilgungen möglich sind.

Selbst die Erhöhung der Rate zur schnelleren Kreditrückführung scheidet meistens aus – es sei denn, bei Abschluss des Vertrages werden diese Sonderregelungen schriftlich fixiert. Kleine Kreditinstitute sind in diesen Punkten übrigens wesentlich flexibler als große, überregionale Banken.

## VOR- UND NACHTEILE VON VARIABLEN ZINSSÄTZEN

Variable Zinsen bieten auf den ersten Blick einige Vorteile: Mit einer Frist von drei Monaten sind die Darlehen jederzeit kündbar. Sondertilgungen können (praktisch) jederzeit vorgenommen werden und reduzieren so die zu verzinsende Restschuld. Der Umstieg auf einen Festzins ist ebenfalls jederzeit möglich. Aber: Erhöhen sich am Markt die Zinsen, schlägt die Veränderung voll auf den variablen Zins durch. Das Darlehen kann sich Schritt für Schritt dramatisch verteuern.

*Sicherheit vor variablen Zinsen*

Innerhalb kurzer Zeit können die Zinsen sich von beispielsweise sechs Prozent in der Niedrigzinsphase auf über zehn Prozent beinahe verdoppeln. Wer also auf finanzielle Sicherheit angewiesen ist, sollte sich lieber nicht für variable Zinsen entscheiden.

*Darlehenssplitting*

**Darlehenssplitting als Kompromissmöglichkeit:** Ein Darlehenssplitting mit unterschiedlichen Laufzeiten ist interessant, wenn die Differenz der Zinssätze zwischen fünfjähriger und zehnjähriger Zinsbindung größer als 0,5 Prozentpunkte ist. Je nach finanziellem Spielraum wird ein Teil des Darlehens langfristig festgeschrieben (zehn oder mehr Jahre), während der andere Teil auf fünf Jahre fest oder variabel vereinbart wird.

Ein Darlehenssplitting sollte man in Betracht ziehen, wenn Unsicherheit bezüglich der Zinsentwicklung besteht oder man sich zur Zeit nicht in einer Niedrigzinsphase befindet.

Ebenso, wie sich die Zinsen am Markt nach oben entwickeln und plötzlich die Ratenzahlungen in ungeahnte Höhen steigen können, sind natürlich auch Zinssenkungen möglich. Damit aber lassen sich die Banken gern Zeit. Doch Zinssenkungen am Markt müssen an Kunden, die variable Konditionen vereinbart haben, weitergegeben werden. Ob das wirklich schnell genug und in ausreichendem Maße geschieht, müssen Sie als Kunde selbst kontrollieren!

Zinserhöhungen am Markt können natürlich auch an den Kunden weitergegeben werden, allerdings muss dies immer im korrekten Verhältnis von allgemeiner Zinssteigerung und ursprünglichem Individualzins geschehen.

### Expertentipp

Der Abstand zwischen dem durchschnittlichen Zins am Geldmarkt und dem individuell vereinbarten Zins zum Zeitpunkt der Kreditaufnahme muss während der gesamten Laufzeit des Darlehens gleich bleiben. Als verbindlicher Maßstab für Zinsanhebungen oder -senkungen gilt der Monatsdurchschnitt für den variablen Effektivzins bei Hypotheken nach den amtlichen Statistiken der Deutschen Bundesbank (Oberlandesgericht Celle, 3 U 240/89).

*Kunden haben Anspruch auf Zinssenkungen*

## VERHÄLT SICH IHR KREDITINSTITUT BEI DER ZINSANPASSUNG KORREKT?

Der Abstand zwischen dem durchschnittlichen Effektivzinssatz für Hypotheken und dem von Ihnen im Kreditvertrag vereinbarten Nominalzins sollte über die gesamte Laufzeit des Darlehens gleich groß bleiben. Dabei ist der zum Zeitpunkt einer variablen Zinssatzvereinbarung (Darlehensabschluss) von der Bundesbank für den jeweiligen Monat ermittelte durchschnittliche Effektivzinssatz für Hypotheken grundsätzlich das Maß aller Dinge. Nur in diesem Fall werden dem Kunden in fairer Weise Vorteile weitergegeben oder Nachteile belastet, die auch das Geldinstitut durch Zinsschwankungen am Geldmarkt zu tragen hat.

Den Zinssatz überprüfen

**Achtung:** Nun kann es leider auch vorkommen, dass Ihr Kreditinstitut den variablen Zinssatz nicht genügend abgesenkt oder zu kräftig angehoben hat. Weisen Sie Ihre Bank bzw. Sparkasse sofort darauf hin, so dass der Fehler berichtigt werden kann.

Natürlich muss der Fehler erst einmal gefunden werden. Verlassen Sie sich dabei nicht auf die Hilfe von Ihrem Kreditinstitut, schließlich wollen Sie ja Ihren Vorteil geltend machen. Bei der Suche nach Ungereimtheiten hilft Ihnen die Checkliste auf der folgenden Seite.

Für kurze Zeit allerdings könnte auch eine über die 0,2-Prozentpunkt-Grenze hinausgehende Differenz hinzunehmen sein. Denn kein Richter verlangt von den Banken tägliche oder wöchentliche Anpassungen. Aber: Nach der Rechtsprechung sollen die Zinsen zumindest im Vierteljahresabstand überprüft und angepasst werden.

### Expertentipp

Auf jeden Fall kann eine Zinssenkung verlangt werden, wenn eine Differenz von 0,2 oder mehr Prozentpunkten über einen Zeitraum von mehr als drei Monaten besteht.

Haben Sie auf die eben beschriebene Weise festgestellt, dass irgendetwas an den Ihnen berechneten variablen Zinsen nicht ganz in Ordnung ist, sollten Sie das Geldinstitut schriftlich um eine Erklärung bitten. Wer von der Richtigkeit seiner Berechnungen bezüglich der Zinsdifferenzen überzeugt ist, nennt gleich die konkreten Zahlen. Ansonsten kann man das Schreiben aber auch allgemeiner formulieren und erst mal die Bank aus der Reserve locken. Der Musterbrief auf Seite 80 ist für beide Fälle verwendbar.

## Checkliste: Werden Zinssenkungen weitergegeben?

| Vorgehensweise | Ergebnisse |
|---|---|
| **1.** Stellen Sie fest, welchen Nominalzins man Ihnen zum Zeitpunkt der Kreditvereinbarung in den Darlehensvertrag geschrieben hat. | |
| **2.** Dann wird für den gleichen Monat der durchschnittliche variable Effektivzins für Hypotheken ermittelt. Und das geht so: Fragen Sie bei der Deutschen Bundesbank in Frankfurt, Statistik-Abteilung für Hypothekenzinsen, Telefon 0 69/9 56 61, ausdrücklich nach dem »durchschnittlichen variablen Effektivzins für Hypotheken«. Die Auskunft erhalten Sie sofort am Telefon und sie ist kostenlos. Lassen Sie sich nicht dadurch verwirren, dass hier unterschiedliche Begriffe auftauchen und mal vom Nominalzins (bei Ihren Kreditkonditionen), mal vom Effektivzins (beim Statistik-Durchschnitt) die Rede ist. Das spielt keine Rolle, weil es uns nur auf das Verhältnis dieser Zinssätze zueinander ankommt. | Abstand zwischen dem durchschnittlichen Zins am Markt und dem individuell vereinbarten Zins |
| **3.** Ermitteln Sie nun den Abstand zwischen den beiden Zinssätzen. Sie werden dabei feststellen, dass Ihr eigener Zinssatz um Prozentpunkte vom Durchschnittssatz entfernt ist, nach oben oder nach unten. | |
| **4.** Jetzt ermitteln Sie Ihren aktuellen Nominalzins – meist genügt ein Blick auf die letzte Anpassungs- oder Änderungsmitteilung der Bank. | |
| **5.** Außerdem besorgen Sie sich den aktuellen amtlichen Durchschnittssatz für den variablen Effektivzins bei Hypotheken laut Bundesbank-Statistik – für den jeweiligen Monat oder den Zeitpunkt der letzten Zinsänderung. | |
| **6.** Wieder ermitteln Sie den Abstand der aktuellen Werte und vergleichen diesen nun mit dem Abstand der Werte zum Beginn der Kreditlaufzeit. | |
| **7.** Gibt es hier eine Differenz von mehr als 0,2 Prozentpunkten, haben Sie Ihre Bank überführt. Sie hat Zinssenkungen nicht in ausreichendem Maß weitergegeben. | |

## Musterbrief: Falsche Zinsanpassung

… *(Absender, evtl. mehrere Namen,* … *(Datum)*
*wie im Darlehensvertrag)*

An … *(das Geldinstitut)*

Betrifft: Zinssatz für mein Hypothekendarlehen mit der Kontonummer … *(angeben)*.

Sehr geehrte Damen und Herren,

ich wende mich an Sie wegen meines o. a. Hypothekendarlehens, welches auf der vertraglichen Vereinbarung vom … *(Datum des Darlehensvertrages)* basiert.
Seit Vertragsbeginn haben sich die Konditionen am Geldmarkt mehrfach geändert. Die letzte Änderungsmitteilung bezüglich des aktuellen Zinssatzes wurde mir unter dem Datum vom … *(Datum)* zugestellt.

**Marktzins und Konditionen**

Beim Vergleich zwischen dem mir ursprünglich berechneten Zinssatz zum Vertragsbeginn und dem damaligen durchschnittlichen variablen Effektivzinssatz für Hypothekendarlehen nach den amtlichen Statistiken der deutschen Bundesbank habe ich festgestellt, dass der ursprüngliche Abstand zwischen Marktzins und den zwischen uns vereinbarten Konditionen nicht mehr gegeben ist.
Der Abstand betrug zu Vertragsbeginn … *(Abstand in Prozentpunkten angeben)* Prozentpunkte, die Überprüfung mit den Daten von … *(Monat/Jahr)* ergibt jedoch einen Abstand von … *(Abstand in Prozentpunkten angeben)* Prozentpunkten.
Nach der ständigen Rechtsprechung sind Sie verpflichtet, den ursprünglichen Abstand über die gesamte Vertragslaufzeit einzuhalten.
Ich fordere Sie deshalb zur Stellungnahme und Korrektur des mir berechneten Zinssatzes auf. Als Datum für den

Eingang einer entsprechenden Mitteilung bei mir habe ich den ... *(Datum, 16 Tage nach Absendetag des Briefes)* notiert.

Ich erwarte wegen des erheblichen Unterschiedes zwischen Markt- und mir berechnetem Zins außerdem eine Gutschrift, für die Sie mir bitte Angebote unterbreiten wollen.

Bei fruchtlosem Fristablauf sehe ich mich gezwungen, meine Ansprüche auch unter Zuhilfenahme der Gerichte durchzusetzen

... *(Unterschrift/en, alle Darlehensnehmer laut Darlehensvertrag)*

## Das Finanzierungsgespräch

Wie bei den »kleinen« Ratenkrediten muss das Institut auch bei der Baufinanzierung klar durchschaubare Angaben zu den Konditionen machen – und es darf sich auf gar keinen Fall verrechnen.

### Expertentipp

Wenn vom Kreditinstitut eine Belastung genannt wird, die später (ohne Verschulden des Bauherrn) viel höher ausfällt, kann die Bank oder Sparkasse dafür haftbar gemacht werden – auch für Fehler eines nur von ihr beauftragten Vermittlers oder Maklers.

Der Kunde kann auf der besprochenen Belastung bestehen

Entweder müssen Zinsen und Nebenkosten völlig neu berechnet werden, damit sich die »versprochene« Belastung einstellt. Oder, wenn die Finanzierung völlig zusammenbricht, muss der Kunde so gestellt werden, als hätte er die Immobilie gar nicht gekauft und Kreditverträge gar nicht abgeschlossen (Bundesgerichtshof, XI ZR 136/90).

Dazu muss man aber beweisen können, dass wirklich etwas versprochen wurde. Also sollte man:

▶ Dem Berater deutlich sagen, dass man keine Information, sondern eine ausführliche und verbindliche Beratung wünscht. Damit das klar ist, hilft ein Trick: schriftlich um einen Termin bitten, Kopie des Briefes (Einschreiben nicht erforderlich) als Beweis aufbewahren.

**Einen Zeugen mitnehmen**

▶ Eine weitere Person als Zeugen mitnehmen, weil man später als Kläger gegen das Institut nicht selbst Zeuge sein kann, das Institut aber den Berater benennen kann.

▶ Alle Unterlagen, nach Möglichkeit auch handschriftliche Notizen des Beraters und seine Beispielrechnungen, mitnehmen und gut aufbewahren. Auch das sind Beweisstücke.

▶ Alle Aussagen des Beraters weitestgehend notieren. Wird zum Beispiel eine falsche Prognose über die Zuteilung des Bausparvertrages gemacht, auf die sich der Kunde verlässt, kann das Institut bei späterer Zuteilung haftbar (Schadenersatz, Übernahme von Mehrkosten) gemacht werden (BGH, XI ZR 268/89).

## DAS DISAGIO: EIN WICHTIGES KRITERIUM BEIM KREDIT

Unter dem Disagio (übersetzt: Abschlag, Nachteil) versteht man einen Betrag, der vor der Auszahlung von der Kreditsumme abgezogen wird.

*Beispiel: Wer ein Darlehen über 100.000,– DM aufnimmt und ein Disagio von fünf Prozent vereinbart, bekommt tatsächlich nur 95.000,– DM ausgezahlt – Zinsen und Tilgungsraten bezahlt man aber auf den vollen Betrag von 100.000,– DM. Genau betrachtet verbirgt sich hinter dem Disagio eine vorweggenommene Zinszahlung. Also: Je höher das Disagio, desto niedriger werden die Nominalzinsen für das Darlehen angesetzt, was normalerweise zu einer Senkung der Ratenhöhe führt.*

## Expertentipp

Wer Zinsen steuerlich geltend machen kann (je nach aktu- eller Gesetzeslage auch als Vorkosten bei selbst genutzten Immobilien), kann durch die geschickte Wahl eines Disagios richtig Geld verdienen. Aber: Das muss mit einem Steuer- berater durchgesprochen und genau berechnet werden.

Steuervorteile mit dem Disagio

Das Disagio hat aber auch einen Nachteil: Oft wird über das Disagio eine Verringerung der monatlichen Ratenzahlungen gesteuert. Tückisch: Der Auszahlungskurs des Darlehens be- trägt dann nicht mehr 100 Prozent. Man muss also mehr Geld aufnehmen, eine höhere Nominalschuld eingehen, damit nach Abzug des Disagios immer noch die wirklich benötigte Kreditsumme zur Verfügung steht. Und es kann passieren, dass nach Ablauf der Zinsbindung die Restschuld höher ist als der ausgezahlte Kreditbetrag.

| Auszah- lung | Durch das Disagio steigt die Nominalschuld | | | |
|---|---|---|---|---|
| | Um den gleichen Betrag zu erhalten, der bei einem Aus- zahlungskurs von 100 Prozent gezahlt wird, müssen bei anderen Auszahlungskursen die folgenden Summen als Darlehensbetrag aufgenommen und finanziert werden | | | |
| 100 % | 10.000 DM | 50.000 DM | 100.000 DM | 200.000 DM |
| 99 % | 10.101 DM | 50.505 DM | 101.010 DM | 202.020 DM |
| 98 % | 10.204 DM | 51.020 DM | 102.040 DM | 204.081 DM |
| 97 % | 10.309 DM | 51.546 DM | 103.092 DM | 206.185 DM |
| 96 % | 10.417 DM | 52.083 DM | 104.166 DM | 208.333 DM |
| 95 % | 10.526 DM | 52.631 DM | 105.263 DM | 210.526 DM |
| 94 % | 10.638 DM | 53.191 DM | 106.382 DM | 212.765 DM |
| 93 % | 10.753 DM | 53.763 DM | 107.526 DM | 215.053 DM |
| 92 % | 10.869 DM | 54.347 DM | 108.695 DM | 217.391 DM |
| 91 % | 10.989 DM | 54.945 DM | 109.890 DM | 219.780 DM |
| 90 % | 11.111 DM | 55.555 DM | 111.111 DM | 222.222 DM |

Anwendungsbeispiel: Wird bei einem Kurs von 94 % ein Auszahlungs- betrag von 170.000,– DM benötigt, ist insgesamt eine Nominalschuld von (2× 10.638,– DM + 1× 53.191,– DM + 1× 106.382,– DM) 180.849,– DM zu finanzieren.

Wer den niedrigeren Auszahlungskurs und das Disagio nur schluckt, um bei den Raten besser wegzukommen, der wird ganz automatisch zum ewigen Schuldner. Warum, zeigt der folgende Vergleich.

## So gefährlich ist die falsche Nutzung eines Disagios

Benötigt werden 200.000,– DM, Zinsbindung fünf Jahre fest

|  | Beispiel 1: ungünstig | Beispiel 2: gefährlich | Beispiel 3: clever |
|---|---|---|---|
| Auszahlungskurs | 100 % | 90 % | 90 % |
| Disagio | entfällt | 10 % | 10 % |
| Nominalschuld | 200.000,– DM | 222.222,– DM | 222.222,– DM |
| Auszahlungsbetrag | 200.000,– DM | 200.000,– DM | 200.000,– DM |
| Nominalzins | 7,96 % | 5,47 % | 5,47 % |
| Tilgung | 1,27 % | 1,01 % | 2,98 % |
| Monatsrate | 1.538,– DM | 1.199,– DM | 1.539,– DM |
| Restschuld nach fünf Jahren | 184.415,– DM | 209.418,– DM | 184.368,– DM |

Nicht die günstigere Monatsrate ist entscheidend

Beim Beispiel 2 nutzt der Darlehensnehmer das Disagio, um seine Monatsrate gegenüber dem Darlehen ohne Disagio (Beispiel 1) zu drücken. Den Vorteil erkauft er sich aber teuer, weil seine Restschuld nach fünf Jahren noch höher ist als der Betrag, den er wirklich erhielt: Trotz eifriger Ratenzahlung sind die Schulden zum Ende der Zinsbindung höher als das ausgezahlte Darlehen.

Richtig macht es der Darlehensnehmer im Beispiel 3: Er könnte über das Disagio eventuelle Steuervorteile nutzen, die im Beispiel 1 nicht möglich wären. Bei steuerlicher Anerkennung kann das Disagio hier bei einem Ledigen mit 100.000,– DM zu versteuerndem Einkommen eine Erstattung von etwa 3.000,– DM bringen. Gleichzeitig zahlt der Kreditnehmer im Beispiel 3 aber Monatsraten in derselben Höhe wie in Beispiel 1. Hintergrund: Er nutzt den niedrigeren

Nominalzins zugunsten eines höheren Tilgungssatzes. Seine Restschuld ist nach fünf Jahren deutlich gesunken.

**Niemals darf ein Disagio** vereinbart werden mit dem Ziel, die sonst zu hohen und nicht tragbaren Monatsraten zu drücken – die Schulden währen dann ewig.
Bei einem vereinbarten Disagio sollte immer die Tilgung heraufgesetzt werden, um somit zum Ablauf der Zinsbindung tatsächlich auf eine deutlich unter dem Auszahlungsbetrag gefallene Restschuld zu kommen.

Das Disagio darf nicht zur Schuldenfalle werden

## ERMITTELN SIE SELBST IHRE BELASTUNGSGRENZE

Wer den Wunsch hat, sich eine selbst genutzte Immobilie zuzulegen, sollte sich unbedingt zuerst die Frage stellen: »Was kann ich mir leisten?« Erst danach sollte man sich in Ruhe das Objekt aussuchen, was zum eigenen finanziellen Leistungsvermögen passt. Diese Überlegungen sollte jeder für sich selbst anstellen, bevor man sich auf die Suche nach dem Kreditinstitut macht und das Finanzkonzept dann der Bank oder Sparkasse überlässt. Denn wenn Sie vorher genau wissen, wo Ihre Grenzen liegen, sind Sie im Vorteil.

So können Sie sich dann im Gespräch mit dem Geldinstitut ausschließlich auf die richtige Finanzierungsform konzentrieren und sind sich genau darüber im Klaren, was Sie wollen. Das ist eine gute Basis, um sich im Finanzierungsgespräch nicht verwirren zu lassen.

Die sichere Finanzierung sollte bei Ihren Überlegungen stets an erster Stelle stehen. Daraus ergibt sich die folgende Prioritätenliste:

1. Das Finanzkonzept muss passen und aufgehen.
2. Die Belastungen müssen dauerhaft zu tragen sein.
3. Die Finanzierung soll nicht »teurer« als unbedingt nötig sein.

| **Checkliste: Die finanzielle Belastungsgrenze** | |
|---|---|
| (Monatsbeträge einsetzen, nachfolgende Hinweise beachten) | |
| **1. Einnahmen** | |
| Nettogehalt Verdiener 1 | |
| Nettogehalt Verdiener 2 | + |
| Kindergeld | + |
| Renten | + |
| Mieteinnahmen | + |
| sonstige Einnahmen | + |
| Netto-Gesamteinkommen | = |
| **2. Ausgaben**<br>(Die ausgewiesenen Sparbeiträge, Versicherungen und Kredite beziehen sich nicht auf das zum Erwerb anstehende Haus.) | |
| Lebenshaltung | |
| Versicherungen | + |
| Sparbeiträge | + |
| Kreditraten | + |
| Sonstiges | + |
| Gesamtausgaben | = |
| **3. Belastungsgrenze** | |
| Gesamteinkommen (wie oben) | |
| Gesamtausgaben (wie oben) | – |
| Zwischensumme | = |
| Bewirtschaftung<br>(Gibt es hier noch keine Anhaltspunkte, dann kann hilfsweise ein Betrag von vier bis fünf DM pro Jahr und Quadratmeter Wohnfläche eingesetzt werden.) | – |
| Risiko-/Restschuldversicherung | – |
| Rate für Aufwendungsdarlehen | – |
| Rate für Eigenkapital-Ersatzdarlehen (siehe Seite 91) | – |
| **maximal zu tragende Monatsrate** | = |

## Die monatliche Belastung

Während die Ermittlung der monatlichen Einnahmen noch recht einfach ausfällt, gestaltet sich die Ermittlung der Ausgaben erheblich aufwendiger. Denn bestimmte Belastungen (z. B. für Versicherungen) fallen eventuell nur einmal pro Jahr an und werden deshalb leicht übersehen. Dazu kommt, dass neue Kostenpositionen wie z. B. erheblich höhere Ausgaben für Energie, Grundabgaben, Hausversicherungen, Instandsetzungsrücklagen usw. entstehen.

### Expertentipp

Die von vielen Finanzierungsberatern berücksichtigten »Einnahmen« aus Steuervorteilen, ebenso die Zahlungen für Urlaubs- und Weihnachtsgeld, sollten unberücksichtigt bleiben. Sie dienen als zusätzliche Reserve. Außerdem stehen den einmaligen Einnahmen stets auch einmalige Ausgaben gegenüber (wie Weihnachtsgeschenke, Urlaub etc.).

Nicht alle Einnahmearten berücksichtigen

Auch eventuelle Mieteinnahmen sollten nicht mit mehr als 75 Prozent der Kaltmiete erfasst werden. Denn Mietausfallwagnis, Instandsetzung und Verwaltung werden oft einfach »vergessen«. Damit das nicht passiert, empfiehlt sich auch bei der Baufinanzierung eine Übersicht, mit der sich die privaten Finanzen durchleuchten lassen.

Mit dieser Rechnung erhalten Sie über die maximale Rate den Betrag, den Sie monatlich für die Bedienung der im Zusammenhang mit dem Kauf- oder Bauvorhaben aufzunehmenden Verpflichtungen zur Verfügung haben – ohne allzu große Einschränkungen gegenüber dem bisherigen Leben.

## Die Darlehensgrenze

Nachdem Sie nun die maximale monatliche Kreditrate ermittelt haben, können Sie mit einer einfachen Rechnung auch den maximalen Darlehensrahmen errechnen. Folgende Punkte sind dabei zu beachten:

- Sie sollten die aktuellen Konditionen für Baudarlehen bei einem Auszahlungskurs von 100 Prozent verwenden. Diese werden regelmäßig z. B. im Handelsblatt, aber auch auf den Wirtschaftsseiten vieler Tageszeitungen (Samstag-Ausgaben) veröffentlicht, lassen sich aber auch durch einen Anruf bei Ihrer eigenen Bank erfahren – wenngleich da Abweichungen zu anderen Anbietern durchaus 0,5 bis einen Prozentpunkt betragen können.

*Aktuelle Konditionen für Bau-darlehen*

- Wir legen eine Minimal-Tilgung von einem Prozent zugrunde, sie kann natürlich auch höher sein.

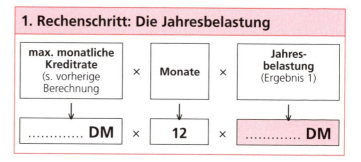

## 1. Rechenschritt: Die Jahresbelastung

| max. monatliche Kreditrate (s. vorherige Berechnung) | × | Monate | × | Jahres-belastung (Ergebnis 1) |
|---|---|---|---|---|
| ............ DM | × | 12 | × | ............ DM |

## 2. Rechenschritt: Zins- und Tilgungssatz

| | | |
|---|---|---|
| **Zinssatz** (100 % Auszahlung, 10 Jahre fest) | | % |
| **Tilgungssatz** (mindestens 1 %) | + | % |
| **Gesamtsatz** (Zins plus Tilgung: Ergebnis 2) | = | % |

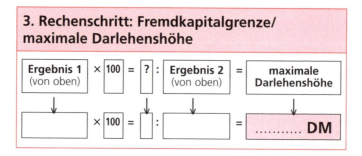

## 3. Rechenschritt: Fremdkapitalgrenze/ maximale Darlehenshöhe

| Ergebnis 1 (von oben) | × 100 | = | ? | : | Ergebnis 2 (von oben) | = | maximale Darlehenshöhe |
|---|---|---|---|---|---|---|---|
| | × 100 | = | | : | | = | ............ DM |

Es handelt sich bei den vorstehenden Rechenschritten natürlich nur um eine hilfsweise Berechnung, die bei weitem nicht die mathematische Genauigkeit eines Computerprogramms erreicht. Aber für den Überblick reicht sie in diesem Zusammenhang vollkommen aus. Wer gar keine Lust hat, selbst zu rechnen, kann auch in die folgende Tabelle schauen.

## So viel Geld können Sie für Ihre eigenen vier Wände aufnehmen bei monatlich 600,– DM

(Lesart: bei 600,– DM monatlicher Belastung und 6 % Zinsen sind 102 = 102.000,– DM zu finanzieren)

| Zinssatz (effektiv)* | Monatlich von Ihnen zu tragende Belastung in DM | | | | | | | | | | | | | | |
|---|---|---|---|---|---|---|---|---|---|---|---|---|---|---|---|
| | 600 | 800 | 1000 | 1100 | 1200 | 1300 | 1400 | 1500 | 1600 | 1700 | 1800 | 1900 | 2000 | 2500 | 3000 |
| 6,00 % | 102 | 137 | 171 | 188 | 205 | 222 | 240 | 257 | 274 | 291 | 308 | 325 | 342 | 428 | 514 |
| 6,25 % | 99 | 132 | 165 | 182 | 198 | 215 | 231 | 248 | 264 | 281 | 298 | 314 | 331 | 413 | 496 |
| 6,50 % | 96 | 126 | 160 | 176 | 192 | 208 | 234 | 240 | 256 | 272 | 288 | 304 | 320 | 400 | 480 |
| 6,75 % | 93 | 123 | 154 | 170 | 185 | 201 | 216 | 232 | 247 | 263 | 278 | 294 | 309 | 387 | 464 |
| 7,00 % | 90 | 120 | 150 | 165 | 180 | 195 | 210 | 225 | 240 | 255 | 270 | 285 | 300 | 375 | 450 |
| 7,25 % | 87 | 116 | 145 | 160 | 174 | 189 | 203 | 218 | 232 | 247 | 261 | 276 | 291 | 363 | 436 |
| 7,50 % | 84 | 113 | 141 | 155 | 169 | 183 | 197 | 211 | 225 | 240 | 254 | 268 | 282 | 353 | 423 |
| 7,75 % | 82 | 109 | 137 | 150 | 164 | 178 | 192 | 205 | 219 | 233 | 246 | 260 | 274 | 342 | 411 |
| 8,00 % | 80 | 106 | 133 | 146 | 160 | 173 | 186 | 200 | 213 | 226 | 240 | 253 | 266 | 333 | 400 |
| 8,25 % | 77 | 103 | 129 | 142 | 155 | 168 | 181 | 194 | 207 | 220 | 233 | 246 | 259 | 324 | 389 |
| 8,50 % | 75 | 101 | 126 | 139 | 151 | 164 | 176 | 189 | 202 | 214 | 227 | 240 | 252 | 315 | 379 |
| 8,75 % | 73 | 98 | 123 | 135 | 147 | 160 | 172 | 184 | 197 | 209 | 221 | 233 | 246 | 307 | 369 |
| 9,00 % | 72 | 96 | 120 | 132 | 144 | 156 | 168 | 180 | 192 | 204 | 216 | 228 | 240 | 300 | 360 |
| 9,25 % | 70 | 93 | 117 | 128 | 140 | 152 | 163 | 175 | 187 | 199 | 210 | 222 | 234 | 292 | 351 |
| 9,50 % | 68 | 91 | 114 | 125 | 137 | 148 | 160 | 171 | 182 | 194 | 205 | 217 | 228 | 285 | 342 |
| 9,75 % | 67 | 89 | 111 | 122 | 133 | 145 | 156 | 167 | 178 | 189 | 200 | 212 | 223 | 279 | 334 |
| 10,00 % | 65 | 87 | 109 | 120 | 130 | 141 | 152 | 163 | 174 | 185 | 196 | 207 | 218 | 272 | 327 |

* bei 100 % Auszahlung (zuzüglich 1 % Tilgung)          © Livingston Media, Hamburg

## WIE VIEL EIGENKAPITAL BRAUCHT MAN?

Ohne Eigenkapital läuft nichts. Eine ordentliche Baufinanzierung sollte immer einen Anteil von mindestens 20 Prozent Eigenkapital haben. Und diese 20 Prozent sollten »echtes« Eigenkapital sein. Dazu zählen

- Verfügbare Barmittel
- Sparbuchkonten
- Wertpapiere
- (evtl. auch die) Rückkaufswerte von Lebensversicherungen

Zunächst einmal sollte deshalb festgestellt werden, wie viel Eigenkapital mobilisiert werden kann.

| Checkliste: Ihr Eigenkapital | | |
|---|---|---|
| Bargeld | | DM |
| Sparguthaben | + | DM |
| Wertpapiere | + | DM |
| bezahltes/eigenes Grundstück | + | DM |
| **sofort verfügbares Kapital** | **=** | **DM** |
| Bausparguthaben | + | DM |
| Erlös aus alter Immobilie | + | DM |
| **Eigenkapital (ohne Selbsthilfe)** | **=** | **DM** |
| Wert der Selbsthilfe | + | DM |
| **Eigenkapital gesamt** | **=** | **DM** |

### Wenn das Geld nicht reicht: Eigenkapitalersatz

Die Bezeichnung Eigenkapitalersatz ist aus Sicht des Kreditnehmers eigentlich völlig unzutreffend. Im Zusammenhang mit der Finanzierung wird sie jedoch gängig gebraucht. Unsinnig ist der Begriff deshalb, weil Eigenkapitalersatz ausschließlich aus Fremdmitteln besteht, die meistens zuzüglich Zinsen zurückgezahlt werden müssen. Trotzdem haben Eigenkapitalersatzmittel für die Banken eine andere Bedeutung als normale Baudarlehen, denn:

*Fremdmittel als Eigenkapitalersatz*

- Aus Sicht der vorrangig finanzierenden Kreditinstitute spielen diese Mittel im Hinblick auf Beleihungsgrenzen keine Rolle.
- Es sind finanzielle Kredite wie alle anderen auch – aber sie werden nicht vorrangig oder gar nicht im Grundbuch eingetragen.
- Trotzdem gewähren die Kreditgeber noch Topkonditionen, die einem üblicherweise von den Kreditinstituten nicht mehr eingeräumt werden.

| Checkliste: Der Eigenkapitalersatz | | |
|---|---|---|
| Private Darlehen (z. B. aus der Familie) | | DM |
| Arbeitgeberdarlehen | + | DM |
| Policendarlehen (von Versicherungen) | + | DM |
| Öffentliche Baudarlehen | + | DM |
| **Gesamtsumme Eigenkapitalersatz** | **=** | **DM** |

Der jetzt gefundene Wert führt natürlich auch wieder zu einer monatlichen Ratenbelastung – und die können Sie nun nachträglich in die Checkliste für die finanzielle Belastungs- grenze eintragen (siehe Seite 86).

## DIE GESAMTKOSTENGRENZE

Außerdem können Sie jetzt endgültig eine Gesamtkosten- grenze ziehen – mehr als die dort erwähnten Beträge sind in keinem Fall drin.

Ausgaben- limit

Auch diese Grenze können Sie schnell mit einer Übersicht (siehe Seite 92) erkennen.

Da die mit Hilfe der Checkliste auf Seite 92 ermittelte Ge- samtkostengrenze eher betriebswirtschaftlichen und auch beleihungstechnischen Charakter hat (also für die Banken wichtig ist), ist jedoch die ermittelte absolute Preisgrenze für den Bauherrn zunächst aussagekräftiger.

| Checkliste: Ermittlung der Gesamtkostengrenze | | |
|---|:---:|:---:|
| Fremdkapital (Baudarlehen usw.) | | DM |
| Eigenkapitalersatzmittel | + | DM |
| Eigenkapital | + | DM |
| Selbsthilfeleistungen | + | DM |
| **Gesamtkostengrenze** | **=** | **DM** |
| bezahltes Grundstück (wenn vorhanden) | – | DM |
| bezahltes Material (wenn vorhanden) | – | DM |
| Selbsthilfeleistungen (wie oben) | – | DM |
| **absolute Preisgrenze (notw. Geldmittel)** | **=** | **DM** |

Limit bleibt
Limit

**Achtung:** Nur den bei der absoluten Preisgrenze eingetragenen Betrag dürfen Sie für sämtliche Leistungen in Zusammenhang mit dem Immobilienvorhaben maximal ausgeben. Lassen Sie sich deshalb niemals durch irgendwelche Finanzierungslösungen, mit denen es angeblich doch funktioniert, zum Bau oder Kauf hinreißen, denn Sie riskieren nach spätestens sechs Jahren einen Zusammenbruch der Finanzierung.

Mit dem Festlegen der Preisgrenze schlägt die Stunde der Wahrheit: Ist mit dem dort genannten Betrag kein »Haus« zu bauen, keine Wohnung zu kaufen, muss das Vorhaben verschoben oder gestrichen werden. Die Zukunft bietet vielleicht erneut Möglichkeiten, über die Verwirklichung der Pläne nachzudenken, z. B. wenn eine Verbesserung des Eigenkapitals oder eine Veränderung des Zinsniveaus eintritt.

## BAUSTEINE FÜR DIE FINANZIERUNG

Die im vorhergehenden Kapitel ermittelten Gesamtkosten stellen den gesamten Kapitalbedarf dar. Die Gesamtkosten geben die Verwendung an und die Kapitalbedarfsrechnung

(= Gesamtfinanzierung) zeigt die Herkunft der Mittel auf. Dies wird aus dem folgenden Schema deutlich:

| Mittelverwendung: | Mittelherkunft: |
|---|---|
| Grundstück<br>Baukosten<br>Baunebenkosten<br>Finanzierungsnebenkosten<br>↓ | Eigenkapital<br>Selbsthilfe<br>Eigenkapitalersatzmittel<br>Fremdkapital<br>↓ |
| **Gesamtkosten** | **Kapitalbedarf** |

Finanzierungs-
bausteine

Selbstverständlich werden zunächst die »billigen« Gelder/ Mittel eingesetzt: Das wäre alles, was gar keine Zinsen kostet:
- Das echte Eigenkapital
- Die Selbsthilfe

Als nächsten Baustein der Finanzierung werden die Fremdmittel eingesetzt.

Mit dem folgenden Schema errechnen wir dann unseren restlichen Fremdkapitalbedarf. Mit Ausnahme zinsgünstiger, zugeteilter Bausparverträge handelt es sich bei diesen Fremdgeldern um die zinsmäßig teuersten Bausteine der Finanzierung.

| Kapitalbedarf: |
|---|
| – Eigenkapital<br>– Eigenkapitalersatzmittel<br>– Selbsthilfe |
| **= (Rest-)Fremdkapital-<br>bedarf** |

Leider nimmt diese Position üblicherweise anteilig den größten Umfang an der Gesamtfinanzierung ein, ganz im Gegensatz zum Eigenkapital.

## Beleihungsgrenzen: Wie Immobilien bewertet werden

Wer seine Fremdkapitalbausteine richtig zusammenstellen will, für den ist das Wissen um die Bewertung der Immobilien durch Kreditinstitute wichtig. Denn je nach Art des Instituts können Höchstgrenzen für die Kreditvergabe vorliegen.

*Höchst-grenzen für die Kredit-vergabe* Hintergrund sind die diversen Gesetzbücher (Kreditwesengesetz, Hypothekenbankengesetz, Bausparkassengesetz etc.). Die zahlreichen Gesetze und Vorschriften dienen dem Gläubigerschutz. Fast alle Kreditinstitute geben nämlich als Kredite kaum eigene Mittel her. Also müssen sie den Anlegern, deren Geld sie als Kredite weiterreichen, eine entsprechende Sicherheit garantieren.

Anhand des Verkehrswertes oder auch der Gesamtkosten des Objektes ermitteln die Kreditinstitute den so genannten Beleihungswert. Der ermittelte Beleihungswert ist die entscheidende Ausgangsgröße der Banken bei der Kalkulation ihrer Zinssätze.

Nachfolgendes Schema gibt Auskunft über die Berechnungsgrundlage. Zum leichteren Verständnis haben wir Beispielbeträge eingesetzt.

Beim Vergleich von Beleihungswert und Verkehrswert in diesem Schema werden die Unterschiede deutlich. Es sind vor allem die Bau-, sprich die Finanzierungsnebenkosten, die bei der Ermittlung des Beleihungswertes keine Berücksichtigung finden. Das ist leicht zu erklären:

● Bestimmte der genannten Kosten fallen bei einem Verkauf für den Käufer normalerweise wieder an (Grunderwerbsteuer, Schätzgebühren etc.).

● Oder sie erhöhen nicht nachhaltig den Wert des Hauses, weil sie individuell verursacht worden sind (Disagio, Zinsen während der Bauzeit etc.).

● Zusätzlich wird auf den so ermittelten Bauwert ein Risikoabschlag (je nach Kreditinstitut) von mindestens zehn Prozent vorgenommen.

*Verkehrswert* Hier wird auch der Unterschied zum Verkehrswert deutlich. Der soll nämlich den auf dem Markt erzielbaren Preis einer

## Bewertung einer Neubau-Immobilie durch Banken

| Grundstückskosten | 16.000 DM | |
|---|---|---|
| + Erschließungskosten | 20.000 DM | |
| = Bodenwert | | 36.000 DM |

| Gesamtbaukosten | 241.610 DM | |
|---|---|---|
| + Baunebenkosten | 24.500 DM | |
| = Bauwert (ungekürzt) | | 266.110 DM |

| – Risikoabschlag (10 %) | 26. 611 DM | |
|---|---|---|
| = Bauwert | | 239.499 DM |

| Bodenwert | 36.000 DM | |
|---|---|---|
| + Bauwert | 239.499 DM | |
| = Sachwert/Beleihungswert | | 275.499 DM |

| Der Verkehrswert dagegen ist höher: | | |
|---|---|---|
| Bodenwert (wie oben) | 36.000 DM | |
| + Bauwert (ungekürzt) | 266.110 DM | |
| = Verkehrswert | | 302.110 DM |

Immobilie wiedergeben. Folglich entfällt der Risikoabschlag. Der Ertragswert findet bei der Bewertung von ausschließlich selbst genutzten Immobilien keine Berücksichtigung. Er hat nur bei der Bewertung von vermieteten Objekten eine Bedeutung. Wesentliche Grundlage zur Ermittlung des Ertragswertes sind die monatlichen Mieteinnahmen.   Ertragswert

Einfacher ist die Ermittlung des Beleihungswertes bei einer gebrauchten Immobilie. Hier wird normalerweise der Verkehrswert (dieser entspricht meistens dem Kaufpreis) als

Beleihungswert (ohne Risikoabschlag auf den Bauwert) angenommen.

Das folgende Schema macht deutlich, bis zu welchem Prozentsatz des Beleihungswertes die verschiedenen Kreditinstitutsgruppen überhaupt Geld herausgeben.

## Die Beleihungsgrenzen für verschiedene Finanzmittel

| Beleihungswert | 100 % | 274.499 DM |
|---|---|---|
| bei **Versicherungen** | max. 45 % | 123.975 DM |
| bei **Bausparkassen** | max. 80 % | 220.399 DM |
| bei **Hypothekenbanken**<br>für 1a-Hypothek<br>für 1b-Hypothek<br>insgesamt | 60 %<br>Rest bis 80 % | 165.299 DM<br>+ 55.100 DM<br>220.399 DM |
| bei **Geschäftsbanken**<br>für 1a-Hypothek<br>für 1b-Hypothek<br>nachranging<br>insgesamt | bis 60 %<br>Rest bis 80 %<br>Rest bis 100 % | 165.299 DM<br>+ 55.100 DM<br>+ 55.100 DM<br>275.499 DM |

**Ausschöpfung des vollen Beleihungswerts ist teuer**

**Achtung:** Obwohl man also den vollen Beleihungswert ausschöpfen und sich dadurch erhebliches Fremdkapital besorgen könnte, besteht noch lange kein Grund zum Jubeln: Denn je höher der Beleihungsrahmen durch die jeweiligen Kreditwünsche beansprucht wird, desto teurer (höherer Zinssatz) werden (mit Ausnahme zugeteilter Bauspardarlehen) die Kredite.

Der Zins-Unterschied zwischen der 1a-Hypothek (bis 60 Prozent des Beleihungswertes) und der 1b-Hypothek (bis 80 Prozent des Beleihungswertes) macht einen Unterschied von ca. 0,5 Prozentpunkten aus. Um etwa einen Prozentpunkt erhöht sich der Zinssatz weiter, wenn die Kreditwünsche über 80 Prozent des Beleihungswertes hinausgehen.

Der erhöhte Zinssatz drückt das Risiko der Bank aus, dass bei Zahlungsschwierigkeiten der Häuslebauer/-käufer über Verkauf oder Zwangsversteigerung die zur Verfügung gestellten Darlehen nicht vollständig zurückgezahlt werden können.

Und nicht nur das: Üblicherweise erhöht sich für diese so genannten nachrangigen Darlehen zusätzlich der anfängliche Tilgungssatz von dem sonst üblichen einen Prozent (Mindestsatz) der ursprünglichen Darlehenssumme auf drei und mehr Prozent. Als Sicherheit reicht die Immobilie also nicht mehr aus. Die persönliche Bonität (das monatliche Einkommen) spielt jetzt eine entscheidende Rolle. **Nachrangige Darlehen**

Genügt die eigene Bonität nicht, wird das Kreditinstitut den Kreditwunsch ablehnen oder Zusatzsicherheiten verlangen, das sind vor allem:

- Bürgschaften von Dritten
- Grundschulden auf anderen Objekten (z. B. auf das Haus der Eltern/Geschwister)

Meldet die Bank den Wunsch nach Zusatzsicherheiten an oder kommt man über die 80-prozentige Beleihungsgrenze hinaus, ist dies ein sicheres Zeichen dafür, dass entweder zu wenig Eigenkapital vorhanden ist und/oder das monatliche Einkommen eigentlich nicht ausreicht. Kleinste unvorhergesehene Ereignisse können das Projekt dann schon zum Kippen bringen. **Zusatz-sicherheiten**

## BAUSPARDARLEHEN

Wenn das Einkommen niedrig ist, lohnt es sich, einen Bausparvertrag abzuschließen und auf diese Weise Eigenkapital zu bilden. Gleichzeitig wird damit das Anrecht auf ein billiges Baudarlehen erworben. Das ist auch der Ursprungsgedanke des Bausparens gewesen – der war gut und ist auch heute noch richtig.

Einen Bausparvertrag muss man heute nicht mehr ausschließlich bei den Filialen der Bausparkassen direkt abschließen, man kann ihn inzwischen auch in vielen Banken unterschreiben. Zu Zeiten finanzieller Verbundsysteme (Bank,

Bausparkasse, Versicherung) hat sich bereits jedes größere Geldinstitut die entsprechenden Tochter- oder Partnerfirmen zugelegt.

## Das klassische Prinzip des Bausparens

Im Bausparvertrag werden die Bausparsumme und über die Tarifart andere Eckdaten festgelegt. Auch wird bei Abschluss als Preis für den Einstieg ins System eine Abschlussgebühr als Prozentsatz der Bausparsumme fällig, normalerweise beträgt sie ein oder 1,6 Prozent der Vertragssumme.

Vor dem Genuss eines wirklich bemerkenswert günstigen Bauspardarlehens steht die Sparphase. Der Bausparer spart zunächst regelmäßig Raten an, bis er ein bestimmtes Minimalguthaben erreicht hat. Dies muss normalerweise 40 oder 50 Prozent der Bausparsumme erreichen.

*Zinsgünstiges Darlehen und kurze Laufzeit*
Auf sein Guthaben erhält er zwar nur jämmerliche Zinsen (z. B. 2,5 Prozent), aber nach der Zuteilung steht dem Bausparer dann ein zinsgünstiges Bauspardarlehen (z. B. 4,5 Prozent Zinsen) in Höhe von 50 oder 60 Prozent der Bausparsumme zu.

Das Bauspardarlehen ist dann allerdings mit einer relativ hohen Rate zurückzuzahlen. Üblich sind z. B. sechs Prozent der Bausparsumme, wodurch sich andersherum auch eine schnelle Entschuldung ergibt. Die Laufzeit verkürzt sich.

Die Bausparsumme ist zuteilungsreif, wenn ein Minimalguthaben erreicht wurde. Jemand, der über ca. acht Jahre seinen Bausparvertrag regelmäßig anspart, kann ziemlich sicher sein, dass er im Laufe des neunten Jahres über sein Bauspardarlehen verfügen kann.

Das ist jedoch nur eine Voraussetzung, eine andere ist, dass eine bestimmte Mindestwartezeit erfüllt ist (z. B. 18 Monate) und eine so genannte Bewertungszahl erreicht wurde. Die Bewertungszahl errechnet sich aus den Faktoren Zeit und Geld: Grundlagen sind hier, wie lange der Vertrag schon läuft, wie viel Guthaben im Verhältnis zur Bausparsumme angespart wurde und wie viele Guthabenzinsen der Bausparer bereits angesammelt hat.

**Expertentipp**

Braucht man sein Geld schon früher (vor der Zuteilung) und das Minimalsparguthaben ist im Gegensatz zur Bewertungszahl schon erreicht, kann man über die Bausparsumme ganz oder zum Teil eine Zwischenfinanzierung beantragen. So wird der noch anstehende Zeitraum bis zur Zuteilung überbrückt.

Zwischen-
finanzierung

Der Zeitraum sollte jedoch nicht länger als zwei Jahre sein. Sonst rechnet sich die Sache nicht mehr, und es kann dann im Endeffekt günstiger sein, den Bausparvertrag aufzulösen, das Guthaben sofort einzusetzen und über den Restbetrag ein Darlehen aufzunehmen. Zur genauen Kalkulation sollte man sich Rat bei interessenunabhängigen Verbrauchereinrichtungen einholen.

Einen verbindlichen Zuteilungszeitpunkt kann und darf die Bausparkasse nur für die zum jeweiligen Bewertungsstichtag ermittelten zuteilungsreifen Bausparverträge nennen. Je nach Bausparkasse gibt es meistens zwei Bewertungsstichtage pro Jahr.

Über den Zuteilungszeitpunkt des Bauspardarlehens besteht große Unsicherheit, weil die Bausparkasse nicht in die Zukunft schauen kann.

**Verlassen Sie sich nicht** auf mündliche Aussagen von Bauspar-Beratern, denn die erinnern sich später vielleicht nicht mehr daran. Auf der sicheren Seite befinden Sie sich, wenn Sie sich direkt aus der Hauptverwaltung eine schriftliche Prognose geben lassen.

Zuteilungs-
zeitpunkt
schriftlich
geben lassen

Die Bausparkasse kann nur so viel Geld als Bauspardarlehen herausgeben, wie auch in Form von Sparbeiträgen, Zinsen und Tilgung hereinkommt. Und diese Größe ist für die Zukunft einfach ungewiss.

99

Die Vorteile eines Bauspardarlehens liegen also klar auf der Hand: Der Bausparer hat durch das langfristige Vorsparen konsequent »echtes« Eigenkapital gebildet und erhält nach der Durststrecke niedriger Guthabenzinsen zur Belohnung ein zinsgünstiges und relativ schnell getilgtes Bauspardarlehen. Weitere Pluspunkte: Der Zins ist festgeschrieben, Sondertilgungen sind jederzeit möglich, und die Bausparkassen bewilligen beste Konditionen bei Darlehen bis zu 80 Prozent des Beleihungswertes, wo andere Kreditinstitute schon Zinszuschläge erheben.

Allerdings bietet nur ein bestehender Bausparvertrag, wo bereits angespart wurde, gute Finanzierungsmöglichkeiten. In allen anderen Fällen schneidet ein normales Hypothekendarlehen oder ein Baukredit besser ab.

Bauspar-
vertrag nach
Baubeginn
lohnt nicht

**Achtung:** Auch wenn Berater es immer wieder vorschlagen: Es ist immer unvorteilhaft, wenn noch nach Baubeginn mit Schnellspar- und Sofortgeld-Programmen, Vor-, Zwischen- oder Ansparfinanzierungen Bausparverträge abgeschlossen werden.

Denn jede Finanzierung eines noch nicht zuteilungsreifen Bausparvertrages bringt zweierlei mit sich:

1. Eventuell wird per Kredit (Aufbau-, Anspar- oder andere Finanzierung) aufgenommenes Geld zunächst für lange Zeit zu Niedrigstzinsen auf dem Bausparkonto geparkt.
2. Gleichzeitig wird das aus dem Bauspardarlehen erwartete Geld zu erheblich höheren Zinssätzen vorfinanziert.

Diese Rechnung kann nicht aufgehen. Mit rechnerischen Tricks wird das Ganze oft so hingezaubert, dass irgendwo ein Vorteil herauskommen soll. Doch das ist gar nicht möglich. In vielen Fällen platzen solche Modelle, die Belastung steigt, statt niedriger zu werden. Und nach acht Jahren fällt außerdem die anfänglich hohe Steuerersparnis weg. Spätestens dann wird es eng bei einer solchen Finanzierung. Mehr dazu auch im folgenden Abschnitt.

## Vorsicht bei Bausparvorfinanzierungen und Sofortkrediten

Bausparvorfinanzierungen und Sofortkredite unterscheiden sich grundsätzlich vom klassischen Bausparen: Der Bausparer verfügt noch über kein Bausparguthaben. Die Bausparsumme (= Kreditwunsch) wird durch ein tilgungsfreies Festdarlehen vorfinanziert. Daneben spart der Kreditnehmer einen oder mehrere hintereinander geschaltete Bausparverträge an. Mit Zuteilung des Bausparvertrages wird dann das Vorausdarlehen ganz oder bei hintereinander geschalteten Bausparverträgen das Vorausdarlehen teilweise abgelöst. Für den zugeteilten Vertrag zahlt man die Tilgungsraten. Der Nachteil und die Tücke dieser Kombinationsfinanzierung aus Sparen und Kredit sind auf den ersten Blick kaum zu erkennen.

*Voraus-darlehen*

*Sparen und Kredit*

Mancher Bauspar-Sofortkunde meint nämlich, wenn er den Vorfinanzierungskredit für vielleicht sieben und das spätere Bauspardarlehen für 4,5 Prozent Zinsen erhält, liege der Preis für die Kombination irgendwo dazwischen – das ist falsch! Der eigentliche Preis der Finanzierung kann nur finanzmathematisch über den Effektivzins errechnet werden – und das sollte getan werden. Denn diesen Effektivzins für die Kombination müssen Bausparkassen nicht nennen. Nach dem Verbraucherkreditgesetz sind sie nur verpflichtet, die Effektivzinsen der einzelnen Bausteine anzugeben. Und die würden im genannten Fall bei 7,25 Prozent für das Vorausdarlehen und 5,35 Prozent für das Bauspardarlehen liegen.

### Expertentipp

Nicht selten wird der Nachteil eines solchen Vorfinanzierungsmodells gegenüber einem ganz normalen Tilgungsdarlehen noch größer. Bestehen Sie deshalb bei solchen Kreditmodellen immer auf einem vollständigen Finanzierungsverlaufsplan. Lassen Sie sich den Effektivzins der Gesamtfinanzierung errechnen, und holen Sie sich alternative Angebote bei gleichen Monatsbelastungen.

*Vorfinanzierungsmodell rechnet sich oft nicht*

Manchmal werden auch Varianten der Bausparsofortfinanzierung angeboten, bei denen das Mindestguthaben unmittelbar in einem Schlag eingezahlt wird. Das soll dann durch eigene Mittel oder durch einen so genannten Auffüllkredit geschehen. Mit Bausparen hat das allerdings nichts mehr zu tun, allenfalls mit Geschäftemacherei. Denn dem Vermittler, also dem Bausparkassen-Vertreter, sichert es den Vertragsabschluss und damit die Provision von Bausparverträgen, deren Volumen mehr als das Doppelte des eigentlichen Kreditbedarfs beträgt.

**Vermittlern geht es um die Provision**

## DIE FESTHYPOTHEK MIT LEBENSVERSICHERUNG

Bei dieser Finanzierungsform liegt der Zinssatz für das Festdarlehen normalerweise 0,5 Prozentpunkte oder mehr unter dem für ein Tilgungsdarlehen. Mit Fälligkeit der Versicherung wird das Darlehen auf einen Schlag getilgt, man ist alle Schulden los. Außerdem erhält der Kunde eine Risikoabsicherung für den Todesfall. Vorteile, mit denen für die Festhypothek mit Lebensversicherung geworben wird.

**Achtung:** Bei Festhypotheken mit Lebensversicherung handelt sich um eine Rechnung mit vielen Unbekannten. Das wird bei dieser Finanzierungsform oft und gern verschwiegen. Denn aufgrund der Unbekannten kann sich das Ganze am Ende zu einer für den Kunden unnötig teuren Finanzierungsvariante entwickeln.

Bei der Angabe des scheinbar niedrigen Effektivzinses ist nämlich die Tatsache irreführend, dass dieser nur für die Festhypothek angegeben zu werden braucht. Die Tilgung über die Lebensversicherung fließt nicht in die Berechnung ein. Da nun aber die Rendite aus der Lebensversicherung geringer ist als der Effektivzins für das Kombinationsdarlehen, muss der »echte« Effektivzins zwangsläufig höher sein.

Besonderheiten dieser Finanzierungsform:

- Das aufgenommene Darlehen wird während der gesamten Laufzeit nur verzinst, aber nicht getilgt. Daher wird diese Darlehensform auch als Festhypothek oder endfälliges Darlehen bezeichnet. **Keine Tilgung**
- Das Darlehen wird mit der Auflage verknüpft, dass eine Kapitallebensversicherung mit einer Laufzeit von 12 bis 30 Jahren (manchmal auch darüber) abgeschlossen wird.
- Zum Vertragsende soll der Kredit aus der Ablaufleistung der Versicherung auf einen Schlag zurückgezahlt werden.
- Anstelle der Tilgung werden Beiträge in die Lebensversicherung eingezahlt. Die Höhe der Lebensversicherungsbeiträge richtet sich nach der Versicherungssumme, nach der Laufzeit des Vertrages und dem Eintrittsalter der versicherten Person.

Letztendlich besteht diese Finanzierung (ähnlich wie bei der Bausparvorfinanzierung) aus einem kombinierten Spar- und Darlehensvertrag mit eingebauter Risikolebensversicherung. Üblicherweise werden Darlehen und Lebensversicherung so aufeinander abgestimmt, dass die voraussichtliche Ablaufleistung der Versicherung gerade ausreicht, um das Darlehen zu tilgen. Die Versicherungssumme ist dabei deutlich niedriger als das aufgenommene Darlehen, da sich im Laufe der Jahre eine (noch unbekannte) Überschussbeteiligung aufbaut.

**Ein großes Risiko** birgt die unsichere Ablaufleistung der Lebensversicherung. Sie setzt sich zusammen aus der Versicherungssumme (garantiert) und der Überschussbeteiligung (nicht garantiert).
Die Höhe der Überschussbeteiligung wird lediglich unverbindlich prognostiziert. **Überschussbeteiligung ist nicht garantiert**

Ein weiteres Risiko besteht darin, dass wegen der fehlenden Tilgung eine Zinserhöhung nach Auslauf der Zinsbindung sich auf die volle ursprüngliche Darlehenssumme auswirkt. Damit kann die monatliche Belastung unter Umständen enorm nach oben getrieben werden. Außerdem haben Untersuchungen ergeben, dass sich der anfängliche Zinsvorteil gegenüber anderen Finanzierungsformen nach Ablauf der Zinsbindung bis auf null reduzieren kann.

Nie vorzeitig aussteigen

**Ein vorzeitiger Ausstieg** geht nur mit hohen Verlusten, denn nicht einmal die eingezahlten Prämien werden in voller Höhe als »Rückkaufswert« erstattet.
Rückkaufswerte entstehen erst nach einigen Jahren und haben mit der in Aussicht gestellten Rendite gar nichts mehr zu tun. Man sollte immer beachten, dass jede Laufzeitverkürzung die Rendite der eingezahlten Beträge schmälert.

Weiterhin ist zu berücksichtigen, dass die Versicherer wesentlich niedrigere Beleihungsgrenzen haben als Banken, Sparkassen und Bausparkassen. Durch die eventuell erforderliche zweitrangige Finanzierung kann ein Zinsvorteil schnell wieder zunichte gemacht werden. In Extremfällen kann eine Finanzierung sogar daran scheitern, dass kein Kreditinstitut diesen zweitrangigen Teil finanzieren will. Die genannten Nachteile von Lebensversicherungs-Festhypotheken treffen vor allem auf Häuslebauer zu, die ihr Objekt selbst nutzen und ihr Einkommen als Arbeitnehmer beziehen.

### Expertentipp

Vorteile für Kapitalanleger, Beamte und Selbstständige

Im Gegensatz zu den Selbstnutzern können Vermieter Schuldzinsen, die bei dieser Finanzierungsform künstlich hoch gehalten werden, während der gesamten Laufzeit des Darlehens steuerlich absetzen. Durch steuerliche Ersparnisse (auch bei der nicht zu verzinsenden Lebensversicherungsrendite) kann sich die eigentlich viel zu teure Finanzierungsform dann doch rechnen. Beamte und Selbstständige können die Beiträge für die Versicherung eventuell als Sonderausgaben geltend machen.

Arbeitnehmer haben die Sonderausgaben jedoch oft schon durch ihre Sozialversicherungsbeiträge ausgeschöpft. Sollte allerdings schon seit längerer Zeit eine Kapitallebensversicherung existieren, so kann diese bei der Finanzierungsplanung berücksichtigt werden. Durch eine eventuell entstehende Laufzeitverkürzung kann sich dann eine interessante Alternative ergeben.

Ein bereits erwähnter nennenswerter Vorteil dieser Finanzierungsform ist der Risikoschutz. Im Todesfall besteht für die versicherte Person Versicherungsschutz in Höhe des aufgenommen Darlehens, selbst wenn die Versicherungssumme auf einen niedrigeren Betrag lautet.

**Wer Beiträge sparen möchte** und deshalb minderjährige Kinder als versicherte Personen einsetzt, kann damit zwar die monatliche Prämie senken, verfehlt aber den eigentlichen Zweck der Risikovorsorge, denn dann muss auch bei Ausfall des Hauptverdieners weiter gezahlt werden – das Darlehen wird nicht durch die Lebensversicherung abgelöst.

Keine Trickereien zur Beitragsersparnis

Der Vorteil dieser Finanzierungsform, dass beim Tod des Erwerbstätigen die Bedienung der Darlehensraten sichergestellt werden, wäre damit hinfällig.

## FINANZIERUNGSNEBENKOSTEN IM DETAIL

Dieser Posten wird bei der Planung gerne vernachlässigt und ist dann häufig der Grund für nicht unerhebliche Nachfinanzierungen. Auch viele Kreditinstitute weisen nur ungenügend auf diese doch erheblichen Kosten hin. Wir wollen deshalb im Schnelldurchlauf einmal zusammenstellen, was im Einzelnen an Kosten auf Sie zukommen kann. Das Disagio gehört neben den folgenden Punkten ebenfalls zu den so genannten Finanzierungsnebenkosten, eine Erläuterung zum Disagio finden Sie ab Seite 82.

## Bearbeitungsgebühren: oft im Zins versteckt

Dieser bei der Vergabe von langfristigen Darlehen übliche Aufschlag beträgt normalerweise bis zu ein Prozent der Darlehenssumme, manchmal liegt er darunter, selten ist er höher. Die Gebühr schmälert die Nettoauszahlung des Kredits um ebendiesen Prozentsatz.

Dort, wo man auf eine Gebühr verzichtet, ist meistens der Nominalzins etwas höher.

## Schätzgebühren – ein Trick zum Abkassieren

Jedes Kreditinstitut, bei dem ein Kredit beantragt wird, wird seine eigene Wertermittlung zur Festlegung der Beleihungsgrenzen durchführen. Für die Berechnung gibt es entweder bestimmte Pauschalsätze, oder es wird ein Bruchteil des beantragten Darlehens oder des beliehenen Objektes berechnet. Letzteres ist für den Kunden besonders ärgerlich, wenn das beantragte Darlehen wesentlich vom Wert des Objektes abweicht. Hier sollte man also auch selbst kalkulieren. Dabei helfen Ihnen unsere Hinweise zur Wertermittlung für Immobilien (siehe Seite 94 ff.).

*Beleihungswertgrenze wird geschätzt*

## Vermittlungs- und Betreuungskosten richtig aushandeln

Wird ein Vermittler oder Baubetreuer eingeschaltet bzw. die Einschaltung von den öffentlichen Förderstellen zur Auflage gemacht, müssen die Kosten dafür unbedingt ausgewiesen werden. Das Honorar sollte zuvor klar und eindeutig und nach Möglichkeit auf Erfolgsbasis (z. B. Ersparnis gegenüber ursprünglicher Kostenerwartung) geregelt sein.

### Expertentipp

*Am besten Stundenhonorar*

Interessenneutrale Beratung und Vermittlung ist qualitätsmäßig am besten auf Stundenhonorarbasis zu erhalten. Hier fehlt dem Vermittler dann der Druck, Finanzierungskonstruktionen zu vermitteln, die ihm Provision bringen.

## Bereitstellungszinsen: teurer, als man glauben mag

Sie fallen entweder sofort oder nach einer gewissen Frist (z. B. nach Ablauf von sechs Wochen oder drei Monaten) für die noch nicht ausgezahlten Kreditbeträge an. Zahlt eine Bank wie üblich nur nach Baufortschritt aus, wird das zugesagte und bereitgestellte Darlehen meist in Teilbeiträgen abgerufen.

**Achtung:** Wer also eine lange Bauphase plant, weil er z. B. viel Selbsthilfe einbringen möchte, sollte diese Kostengröße hinsichtlich der Bereitstellungszinsen sehr sorgfältig planen oder besser von Anfang an in seine Verhandlungen einbeziehen, denn diese Kostengröße kann auf Vereinbarungsbasis gedrückt oder sogar ganz vermieden werden.

Bereitstellungszinsen in der Kalkulation nicht vergessen

Bereitstellungszinsen errechnen sich normalerweise als monatlicher Satz in Höhe von 0,25 Prozent auf die Summe des noch nicht in Anspruch genommenen Kreditbetrages. Der Satz von 0,25 Prozent mag auf den ersten Blick sehr mickrig ausschauen, ergibt aber pro Jahr schon drei Prozent und kann im Falle eines Zinstiefs (z. B. beim Zinssatz von sechs Prozent) bereits die Hälfte der später zu zahlenden Rate ausmachen.

## Zinsen während der Bauzeit: Vorsicht, hohe Beträge

Auch schon vor dem Einzug können einige Positionen anfallen. Geklärt werden sollte, ob die Zinsen für das Baukonto, für bereits ausgezahlte Darlehen oder für Zwischenkredite aus dem monatlichen Einkommen gezahlt werden oder aber, was üblich ist, sich als Kostengröße auf dem Baukonto ansammeln. In letzterem Fall entsteht eine nicht unerhebliche Kostengröße, die auch noch finanziert werden muss, es fallen also Zinseszinsen an.

## GELD VOM STAAT – DIE WOHNUNGS-BAUFÖRDERUNG

Konkurrenzlos günstiges Geld bieten die Bundesländer mit verschiedenen Förderprogrammen. Zu den Zielgruppen gehören Bezieher niedriger Einkommen, kinderreiche Familien, junge Ehepaare und Schwerbehinderte. Sie können zinsgünstige Darlehen erhalten, auch gibt es so genannte Aufwendungshilfen. Das sind halbjährlich oder monatlich auszahlbare Leistungshilfen, die normalerweise über einen Zeitraum von 15 Jahren gewährt werden.

Entscheidend für Art und Höhe der Förderung ist das Einkommen. Die Einkommensobergrenzen sind im Wohnungsbauförderungsgesetz bzw. den einzelnen Länderprogrammen geregelt. Außerdem wird geprüft, ob den zu fördernden Familien nach Abzug sämtlicher laufender Kosten ein bestimmtes Minimum für den Lebensunterhalt verbleibt. Die verschiedenen Stufen der Förderung, die meist 1. oder 2. Förderweg heißen, richten sich nach der Höhe der entsprechenden Einkommensgrenzen.

**Expertentipp**

Mehr Fördergelder bei Neubau

Förderungswürdig ist vor allem der Neubau von selbst genutztem Wohneigentum. Für den Kauf gebrauchter Immobilien gibt's hingegen kaum etwas.

In einzelnen Bundesländern gibt es jedoch auch Modernisierungsprogramme, oft werden auch gezielt bestimmte Objekte (z. B. Energiesparhäuser) gefördert. Für luxuriöse Eigenheime gibt es keine Förderung. Grundsätzlich dürfen Baukosten und Wohnflächen bestimmte Grenzen nicht überschreiten. Und auch hier gilt: Eine Mindestsumme an Eigenkapital sollte vorhanden sein. Die Faustregel besagt hier 15 Prozent.

Die Anträge und Anfragen sind an die zuständigen kommunalen Behörden zu richten. Dabei kann man die Hilfe eines

so genannten »Baubetreuers« annehmen. Für nicht unerhebliche Gebühren (es sind einige tausend Mark) übernimmt
dieser nicht nur die Beantragung der öffentlichen Mittel,
sondern auch noch die gesamte wirtschaftliche oder techni-
sche Baubetreuung.

Sie können sich so zahlreiche Wege, eine Menge Formalitä-
ten und damit viel Zeit sparen. In vielen Fällen kann von der
Genehmigungsbehörde dem Antragsteller sogar ein Baubetreuer vorgeschrieben werden.

**Wichtig:** Lassen Sie sich vom Baubetreuer auf jeden Fall
Referenzen über seine Tätigkeit und Erfahrung nachweisen.
Bei einer nicht unerheblichen Zahl von Familien, deren
Bauten mit öffentlichen Mitteln gefördert und zum finan-
ziellen Fiasko wurden, wurde ein Versagen der Baube-
treuer festgestellt.

*Nicht jeden Baubetreuer nehmen*

Kurzum: Manche dieser Baubetreuer haben ihr gutes Honorar einfach nicht verdient. Die Betreuung ist in manchen Fällen unzureichend, gelegentlich besteht die Gefahr, dass sie
nur auf die Vermittlung der restlichen Finanzierung aus sind
und sich danach nicht mehr blicken lassen. Eine Art Lebens-
lauf, Zeugnisse oder Testate ihrer Beschäftigung bringen hier
die nötige Sicherheit.

Die recht umfangreichen Antragsunterlagen werden bei der
zuständigen Behörde geprüft. Die Wartezeit bis zur Bewilligung kann einige Monate betragen.

**Unbedingt zu beachten** ist trotz Ungeduld und scheinbar endloser Wartezeit die Regel, dass vor der Bewilligung
kein Spatenstich getan werden darf.
Wer vorzeitig anfängt, verliert jeden Anspruch auf Woh-
nungsbauförderung – auch wenn's garantiert Geld gegeben hätte.

*Kein Spaten-stich vor der Bewilligung öffentlicher Mittel*

Gegebenenfalls kann man sich den vorzeitigen Baubeginn allerdings ausdrücklich genehmigen lassen. Doch verlassen sollte man sich darauf nicht, es klappt nicht immer.

Im Gegensatz zu anderen Leistungen des Staates besteht hier kein Rechtsanspruch auf Bewilligung. Die Programme werden jährlich und zwar meist mit jeweils leicht veränderten Modalitäten aufgelegt. Ist der Etat erschöpft, erhält der Antragsteller normalerweise einen Ablehnungsbescheid.

**Jedes Jahr eine neue Chance**

**Werden Ihnen die Mittel verweigert,** kann für das nachfolgende Haushaltsjahr sofort ein neuer Antrag gestellt werden.
Der Bauwillige sollte also prüfen, ob er sein Projekt verschieben muss, kann oder möchte.

Im Wesentlichen gibt es zwei Förderbausteine. Art, Höhe und Zusammensetzung richten sich nach verschiedenen Faktoren, die wichtigsten sind:

- Einkommen
- Familiengröße
- Wohnungsgröße

Da die Ausgestaltung der Förderung den einzelnen Bundesländern obliegt, gibt es für die 16 Bundesländer 16 unterschiedliche Wohnungsbauförderungsprogramme. Gemeinsam haben diese Programme nur die Unterscheidung in zwei unterschiedliche Bausteine:

**1. Baustein: das öffentliche Wohnungsbaudarlehen**

Es ist zinsverbilligt oder gar zinsfrei und wird in relativ kleinen Raten zurückgezahlt. Die Höhe kann bis zu über 300.000,– DM betragen. Daneben gibt es Familienzusatzdarlehen und dort, wo das Eigenkapital knapp ist, kann ein Eigenkapitalersatzdarlehen gewährt werden.

**2. Baustein: die Aufwendungshilfen**

Diese werden entsprechend den Gegebenheiten des Einzelfalls entweder als rückzahlbares Aufwendungsdarlehen oder als nicht zurückzahlbares Geschenk mit dem Namen Aufwendungszuschuss gewährt. Der Zuschuss ist vom Charakter her eine Art Wohngeld, das meist in halbjährlichen Beträgen und zwar über einen Zeitraum von 15 Jahren ausgezahlt wird.

**Achtung:** Bei der monatlichen Liquiditätsrechnung ist Vorsicht geboten: Die Höhe der ausgezahlten Beträge nimmt kontinuierlich ab. Und nach der Vollauszahlung muss ein Aufwendungsdarlehen immer mit Zinsen zurückgezahlt werden.
Wer die Zahlung in sein monatliches Budget einrechnet, muss also aufgrund der halbjährlichen Zahlungsweise sein Girokonto unter Umständen mit Zins- und Zinseszinsen belasten.

*Liquiditätsrechnung*

Neben den genannten staatlichen Geldern kann selbstverständlich bei schmalen Einkommen unter bestimmten Voraussetzungen noch Lastenzuschuss beantragt werden. Das ist eine Art Wohngeld für Eigenheimbesitzer.
Der schnellste Weg zu den im jeweiligen Bundesland zuständigen Stellen führt über Ihre eigene Gemeinde-, Stadt- oder Kreisverwaltung. Fragen Sie dort dann nach dem Amt für Wohnungswesen bzw. der Dienststelle für öffentliche Bauförderung.

*Lastenzuschuss*

# DER VERGLEICH VON KREDITANGEBOTEN LOHNT SICH IN JEDEM FALL

Die Konkurrenz am Markt ist groß, deshalb sollten Kreditangebote vom Kreditnehmer unbedingt miteinander verglichen werden.

Die Unterschiede beim Effektivzins betragen je nach Höhe der Kreditsumme, der Beleihungsgrenze, der Zinsfestschreibung und des Tilgungssatzes bundesweit gesehen immerhin bis zu knapp zwei Prozent.

Selbst bei unmittelbar benachbarten Geldinstituten weichen die Konditionen beim Effektivzins nicht selten um ein Prozent voneinander ab.

**Effektivzins unbedingt vergleichen**

Deshalb ist das erste und wichtigste Kriterium, welches zum Vergleich des speziell auf den potenziellen Kreditnehmer zugeschnittenen Angebots heranzuziehen ist, der so genannte Effektivzins.

Die Grundlage zur Berechnung findet sich in der Preisangabenverordnung. Dort heißt es im § 4 zu Krediten:

(1) Bei Krediten sind als Preis die Gesamtkosten als jährlicher Vomhundertsatz des Kredites anzugeben und als »effektiver Jahreszins« oder, wenn eine Änderung des Zinssatzes oder anderer preisbestimmender Faktoren vorbehalten ist … als »anfänglicher effektiver Jahreszins« zu bezeichnen. Zusammen mit dem anfänglichen effektiven Jahreszins ist anzugeben, wann preisbestimmende Faktoren geändert werden können und welchem Zeitraum Belastungen, die sich aus nicht vollständigen Auszahlung des Kreditbetrages oder aus einem Zuschlag zum Kreditbetrag ergeben, zum Zwecke der Preisangaben verrechnet worden sind.

(2) Der anzugebende Vomhundertsatz gemäß Absatz 1 beziffert den Zinssatz, mit dem sich der Kredit bei einem regelmäßigen Kreditverlauf, ausgehend von den tatsächlichen

Zahlungen des Kreditgebers und des Kreditnehmers, auf der Grundlage taggenauer Verrechnung aller Leistungen und nachschüssiger Zinsbelastung gemäß § 608 BG staffelmäßig abrechnen lässt.

## KREDITZINSEN

Die Bestimmungen und Vorschriften zum Effektivzins bedeuten Folgendes:

Bei der Berechnung der Zinsen wird von den Kreditinstituten üblicherweise der so genannte »Nominalzinssatz« p. a. herangezogen. Das p. a. bedeutet per anno, also pro Jahr. Gemeint ist hier aber nicht etwa das Kalenderjahr, sondern das Zeitjahr. Es beginnt mit der vertraglichen Auszahlung und Verzinsung des Kredits.

**Zeitjahr**

Nun zahlt der Kreditnehmer seine fälligen Raten und damit auch die Zinsen aber monatlich und nicht erst nach Ablauf eines Jahres.

Dieser für den Kreditnehmer ungünstige Umstand, dass er nämlich seine Zinsleistungen viel früher (da er ja monatlich fortlaufend statt erst zum Jahresende hin zahlt) erbringt, wird durch den höheren Effektivzins gegenüber dem Nominalzins deutlich.

Außerdem verlangen die Kreditinstitute bestimmte bei Abschluss des Kreditvertrages fällige, einmalige Gebühren: So fallen bei den Geldinstituten sowohl Bearbeitungsgebühren als auch gegebenenfalls Courtage (fremde Vermittlungskosten) an.

**Gebühren**

Da sich über diese Gebühren letztlich auch der Gesamtkreditbetrag erhöht, ohne jedoch den verfügbaren Kredit für den Kreditnehmer an sich zu erhöhen, finden diese Kostengrößen bei der Berechnung des Effektivzinses ihre Berücksichtigung.

Keine Berücksichtigung als Kostengröße im errechneten Effektivzins findet dagegen eine eventuell abgeschlossene Restschuldversicherung. Das erklärt sich aus der Sachlage, dass der Kreditnehmer dafür auch eine Leistung, eben den

**Restschuldversicherung**

Versicherungsschutz hinsichtlich des Todesfalles, erhält. Somit fällt auch die Vergleichbarkeit von Krediten mit oder ohne Restschuldversicherung leichter.

---

### Expertentipp

Ein Prozentpunkt Unterschied bei den Effektivzinsen kann über eine Laufzeit von zehn Jahren Mehrkosten oder Ersparnisse zwischen 30.000,– und 50.000,– DM für Sie bedeuten.
Deshalb ist ein Preisvergleich bei hohen Kreditsummen und langen Laufzeiten sehr viel wichtiger als bei kleineren Ratenkrediten.

---

Selbst wenn Sie tagelang nichts anderes tun, als Effektivzinsen zu vergleichen und Angebote verschiedener Kreditinstitute einzuholen, können Sie durch diesen scheinbar großen Zeit- und Arbeitsaufwand doch den höchsten Stundenlohn Ihres Lebens verdienen.

*Wesentliche Geldersparnis* Zugegeben, dieser Effekt wird beim ersten Blick auf die geringfügigen Abweichungen verschiedener Effektivzinsangebote kaum deutlich.

Aber wer sich dazu einmal etwas genauer anschaut, wie sich bei unterschiedlichen Zinssätzen die Restschulden für ein Darlehen entwickeln, kann unseren dringenden Ratschlag leicht nachvollziehen. Ein Blick auf die nebenstehende Übersicht genügt.

## KLEINSTE UNTERSCHIEDE BEIM ZINS ZAHLEN SICH AUS

Den offenen Konditionenvergleich, wie er z. B. bei Versicherungen durchaus üblich ist, und mit dem auch von günstigen Anbietern kräftig geworben wird, den gibt es bei Banken leider nicht. Schade – denn so wäre es ein Leichtes, die günstigste Kreditadresse am Markt zu finden.

Wesentliche Anhaltspunkte über die Zinsentwicklung können allerdings die aktuellen Hypothekenvergleiche liefern, die regelmäßig sowohl im *Handelsblatt* als auch im Wirtschaftsteil anderer großer Tageszeitungen veröffentlicht werden.

## 0,25 Prozentpunkte bringen Ihnen mehrere Tausender ein

(monatl. Zahlungen von 2250,– DM bei einer Darlehenssumme von 300.000,– DM)

| Effektivzins (in Prozent) | Restschuld (in DM) nach | |
|---|---|---|
| | 5 Jahren | 10 Jahren |
| 6,25 | 248.880 | 179.658 |
| 6,50 | 252.718 | 187.937 |
| 6,75 | 256.596 | 196.427 |
| 7,00 | 260.514 | 205.133 |
| 7,25 | 264.472 | 214.058 |
| 7,50 | 268.471 | 223.208 |
| 7,75 | 272.511 | 232.586 |
| 8,00 | 276.592 | 242.199 |
| 8,25 | 280.715 | 252.049 |
| 8,50 | 284.879 | 262.143 |

**Effektivzins und Rendite von Bundeswertpapieren vergleichen**

**Wer ganz schnell abschätzen will,** ob ein Angebot teuer oder preiswert ist, kann den Effektivzins für Laufzeiten von fünf bzw. zehn Jahren mit einem einfachen Trick überprüfen:
Je näher der Zinssatz an die aktuelle Rendite von Bundeswertpapieren mit gleicher Restlaufzeit herankommt, desto günstiger ist das Annuitätendarlehen.

Das klingt nun vielleicht ein wenig kompliziert, ist es aber durchaus nicht. Sie können den kleinen Test einfach telefonisch durchführen und gehen dabei in mehreren Schritten wie folgt vor:

1. Suchen Sie aus dem Kreditangebot den Effektivzins und die Zinsbindungsdauer heraus.

2. Rufen Sie anschließend den Informationsdienst für Bundeswertpapiere in Frankfurt am Main unter der Telefonnummer 0 69/74 77 11 an.

3. Bitten Sie dort darum, dass man Ihnen die aktuelle Rendite für Bundeswertpapiere mit derselben Restlaufzeit nennt, die man Ihnen beim Kreditangebot als Zinsbindungsdauer genannt hat.

4. Bei durchschnittlichen Kreditangeboten wird der Effektivzins um etwa einen Prozentpunkt über der genannten Rendite liegen.

5. Folglich haben Sie ein besonders gutes Angebot in Händen, wenn die Differenz nur 0,5 Prozentpunkte beträgt (z. B. Rendite 5,8 Prozent, Effektivzins 6,3 Prozent), oder ein eher schlechtes, wenn die Abweichung in den Bereich von mehr als einem Prozentpunkt geht (z. B. Rendite 5,8 Prozent, Effektivzins 6,9 Prozent).

Der kleine Test funktioniert immer, weil Soll- und Habenzinsen untrennbar gekoppelt sind. Dabei spielt es keine Rolle, ob am Geldmarkt gerade eine Hoch- oder Niedrigzinsphase durchschritten wird.

**Die Laufzeit ist wichtig** Trotzdem sollten nicht nur Effektivzins-Angebote miteinander verglichen werden, weil beim Effektivzins die Laufzeit selbst keine Berücksichtigung findet. Das folgende Beispiel mit unterschiedlichen Angeboten zweier Banken verdeutlicht die Problematik.

## KREDITVERGLEICH MIT ZWEI ANGEBOTEN

Familie Müller will die Geldsumme von 5.000,– DM über einen Kredit finanzieren. Auf Anfrage erhält sie von zwei Kreditinstituten folgende Angebote:

## Angebote von Kreditinstituten

|  | Bank A | Bank B |
|---|---|---|
| Nettokredit | 3.000,– DM | 3.000,– DM |
| Bearbeitungsgebühr | 90,– DM | 90,– DM |
| Laufzeit | 24 Monate | 30 Monate |
| Ratenhöhe | 148,36 DM | 122,72 DM |
| Nominalzins | 14,2 % | 14,32 % |
| Effektivzins | 16,79 % | 16,60 % |

Würden die Müllers nun ausschließlich nach dem Effektivzins entscheiden, bekäme die Bank B den Zuschlag.
Selbst wenn Herr Müller sich noch ergänzend die Ratenhöhe anschaut und feststellt, dass das Angebot der Bank B mit 122,72 DM statt 148,36 DM/Monat günstiger ist, lässt er die Laufzeit des Kredites und damit die Gesamtkosten außer Betracht.

## Gesamtkosten für die beiden Darlehen

| Bank A | 24× 148,36 DM | 3.560,64 DM |
|---|---|---|
| Bank B | 30× 122,72 DM | 3.681,60 DM |

Folglich ist die in Bezug auf Effektivzins und Ratenhöhe »günstigere« Bank B also um 120,96 DM teurer. Deshalb sollte als ergänzendes oder alternatives Kriterium zur Beurteilung verschiedener Angebote folgendes Vorgehen herangezogen werden:

### Expertentipp

Steht der Auszahlungsbetrag = Nettokredit fest, also der Betrag, über den der Kreditnehmer frei verfügen kann, erhält das Kreditinstitut den Zuschlag, das bei gleicher Laufzeit die niedrigere Ratenhöhe oder bei gleicher Ratenhöhe die kürzere Laufzeit anbietet.

Laufzeit und Ratenhöhe vergleichen

Also lassen sich die Müllers, nachdem sie beschlossen haben, den Kredit in 24 Monaten zurückzuzahlen, von der Bank B noch ein weiteres Angebot machen.

| Zusatzangebot Bank B | |
|---|---|
| Nettokredit | 3.000,– DM |
| Laufzeit | 24 Monate |
| Ratenhöhe | 148,53 DM |
| Effektivzins | 16,94 % |

Jetzt kann die Entscheidung optimiert werden. Bei gleicher Laufzeit und identischem Nettokredit weist das erste Angebot der Bank A nämlich eine geringere Ratenhöhe auf.

Dabei wird das zähe Feilschen um ein paar Prozentpunkte immer belohnt. Machen Sie bitte nie den Fehler, die Unterschiede bei unseren Musterrechnungen als »Peanuts« anzusehen, weil der Unterschied hier nur ein paar Pfennige ausmacht. Denn erstens geht es ums Prinzip und zweitens ist unser Beispiel mit einem Kredit über 3.000,– DM äußerst gering gewählt.

Bei höheren Summen aber geht es um mehrere Hunderter oder einen Tausender.

Bei höchsten Summen (Baufinanzierung) kann der Unterschied zwischen teuren und billigen Krediten sogar schnell 50.000,– DM ausmachen.

**Banktreue zahlt sich selten aus** Am Markt sind die Preisunterschiede bei den Kreditkonditionen enorm. Vergleiche zahlen sich aus, Banktreue dagegen selten. Wer scharf kalkuliert, muss beweglich sein und sich die Angebote von den verschiedenen Instituten besorgen und nach den vorgestellten Kriterien entscheiden. Jedes Kreditinstitut hat einen Verhandlungsspielraum. Der Versuch, mit den Kreditinstituten zu handeln, ist gebührenfrei! Machen Sie eine Preisumfrage unter Kreditinstituten und lassen Sie sich die Konditionen nach Hause schicken. Verwenden Sie dafür das folgende Muster:

## Musterbrief: Kreditangebote

... *(Name, Anschrift)* ... *(Datum)*

An ... *(die Bank oder Sparkasse)*

Betrifft: Bitte um ein Kreditangebot

Sehr geehrte Damen und Herren,

für die Finanzierung von ... *(Kreditverwendung kurz beschreiben, z. B. Autokauf, Umzug, Einrichtung usw.)* benötige ich einen Ratenkredit.
Netto-Kreditsumme ... *(an Sie auszuzahlender Betrag)* DM (oder EUR)
* gewünschte Laufzeit ... *(angeben)* Monate
* gewünschte Ratenhöhe ... *(Betrag)* DM (oder EUR)

* Zu Ihrem Institut unterhalte ich derzeit noch keine Geschäftsverbindung.

Ich möchte Sie bitten, ein für mich kostenloses und unverbindliches Kreditangebot zu erarbeiten und mir dieses mit Nennung eines Ansprechpartners in Ihrem Hause zuzusenden.
Ich freue mich auf Ihr Angebot und werde dann auf Sie zukommen.

Mit freundlichen Grüßen

... *(Unterschrift)*

# DER KREDITVERTRAG –
## WORAUF MAN ACHTEN SOLLTE

Die Regeln für den Kreditvertrag sind im Verbraucherkredit-gesetz (VerbrKrG) geregelt. Dieses Gesetz gilt praktisch für alle Ratenkredite und Abzahlungsgeschäfte, wenn diese über 400,– DM Nettokredit hinausgehen.

**Wichtige Vertrags-punkte** Vorgeschrieben ist hierbei die schriftliche Form. Ein Exemplar des Vertrages muss dem Kreditnehmer immer ausgehändigt werden. Folgende Angaben muss der Vertrag laut Gesetz enthalten (§ 4 VerbrKrG):

▶ Den Nettokreditbetrag
▶ Den Gesamtbetrag aller Zahlungen inklusive Zinsen und Kosten
▶ Die Art und Weise der Rückzahlung (insbesondere Raten-höhe, -anzahl und -fälligkeitsdatum)
▶ Den Zinssatz und alle sonstigen Kosten des Kredites, die im Einzelnen zu bezeichnen sind, einschließlich etwaiger vom Verbraucher zu tragenden Vermittlungskosten
▶ Den effektiven Jahreszins
▶ Die Voraussetzungen für Änderungen des Zinssatzes
▶ Die Kosten einer Restschuld- oder sonstigen Versicherung
▶ Eventuell zu bestellende Sicherheiten
▶ Die Belehrung über das Widerrufsrecht

Wenn die eben aufgezählten Angaben fehlen oder falsch sind, ist der Kreditvertrag unwirksam. Das hat aber keines-wegs zur Folge, dass der Kreditnehmer nun gar nichts zu-rückzahlen muss, wenn er den Kredit schon ausgezahlt be-kommen hat. Insoweit hat der Vertrag also noch Bestand.

**Wichtig:** Wegen der sich aus den Vorschriften für Ver-braucher ergebenden Vorteile sollte jeder Kunde seinen schriftlichen Kreditvertrag unbedingt auf einzelne wichti-ge Punkte hin überprüfen.

Diese Punkte sollten bei einem vorliegenden Kreditvertrag geprüft werden:

- Wenn im Kreditvertrag wider Erwarten die Angabe des effektiven Jahreszinses fehlt, so schuldet der Kreditnehmer zu seinem großen Glück nur noch den gesetzlichen Zins von 4 Prozent.
- Ist der effektive Jahreszins zu niedrig ausgewiesen, so reduzieren sich die zu zahlenden Raten so weit, bis der niedrigere ausgewiesene Zins erreicht ist.
- Sind im Vertrag Kosten wie Vermittlungs- oder Bearbeitungsgebühren nicht ausgewiesen, müssen diese auch nicht bezahlt werden.
- In allen Fällen, wo vom Kreditgeber verschuldete Mängel im Vertrag vorliegen, muss die Bank dann die monatlichen Raten neu berechnen.

*Wenn etwas im Vertrag fehlt*

Wie der effektive Jahreszins auf seine Richtigkeit hin überprüft werden kann, haben wir bereits beschrieben. Hier helfen aber auch Verbraucherschützer, denn zahlreiche Verbraucherzentralen bieten gegen eine Gebühr entsprechende Überprüfungen an.

*Verbraucherzentralen helfen*

Natürlich können Sie auch Ihren Heim-PC bemühen. Es gibt inzwischen sehr viele Software-Angebote.

Bei variablen Krediten (Höchstbetragskrediten) oder Krediten mit variablem Zinssatz gelten modifizierte Vorschriften, da zum Zeitpunkt des Kreditvertrags-Abschlusses bestimmte Angaben nicht abschließend feststehen.

So kann man z. B. bei variablen Zinsen im Vorhinein natürlich nicht den Gesamtbetrag der zu entrichtenden Zahlungen festlegen.

## DAS WIDERRUFSRECHT KENNEN
## UND NUTZEN

Innerhalb einer Woche nach Abschluss des Vertrages kann der Kreditnehmer wie auch bei vielen anderen Verträgen diese Vereinbarung widerrufen. So ist es im Verbraucherkreditgesetz geregelt.

121

**Der Widerruf muss schnell vorgenommen werden**

**Achtung:** Bekommt jemand Bedenken wegen des Vertrages, muss der Widerruf umgehend erfolgen. Das sollte auf jeden Fall schriftlich und am besten per Einschreiben mit Rückschein geschehen.

Zur Fristwahrung reicht die rechtzeitige Absendung des Widerrufes, nicht erst dessen Eintreffen beim Empfänger. Beweis dafür ist der Post-Einlieferungsschein.

Auch wenn der Kreditbetrag inzwischen schon ausgezahlt wurde, kann der Vertrag noch rückgängig gemacht werden. Dafür muss bis 14 Tage nach dem Widerruf oder 14 Tage nach Erhalt des Kredites die Rückzahlung erfolgen.

Damit der Kunde dieses Widerrufsrecht wirklich zur Kenntnis nimmt, schreibt das Verbraucherkreditgesetz hier genaue Formen vor.

Der Widerrufshinweis muss sich vom sonstigen Kreditvertrag deutlich hervorheben und gesondert unterschrieben werden.

**Bei Fehlern im Vertrag längeres Widerrufsrecht**

**Wichtig:** Entspricht der Hinweis auf das Widerrufsrecht in Ihrem Kreditvertrag nicht den oben genannten Vorschriften, dann erlischt das Widerrufsrecht erst nach einem weiteren Jahr.

Wenn ein Kaufvertrag unmittelbar in Verbindung mit einem Ratenkredit getätigt wird, treten nach dem Verbraucherkreditgesetz (§ 9) noch besondere Regelungen ein:

- Mit dem möglichen Widerruf des Kreditvertrages kann auch das damit verbundene Geschäft (Kaufvertrag) widerrufen werden.
- Die Ratenzahlung gegenüber der Bank kann verweigert werden, wenn die gelieferte Sache mangelhaft ist oder die Nachbesserung bzw. Nachlieferung fehlschlägt.

Voraussetzung ist allerdings, dass der Verkäufer an der Vermittlung des zugehörigen Kreditvertrages beteiligt gewesen ist oder umgekehrt.

Für Sie als Verbraucher ist es deshalb immer vorteilhaft, wenn sich der Kauf- und der Kreditvertrag als eine Einheit darstellen lassen.

---

**Expertentipp**

Notfalls genügt zur Herstellung eines einheitlichen Vertrages aus Finanzierung und Kauf auch, wenn der Kreditgeber seinen Firmenstempel mit auf den Kaufvertrag drückt und den Vertrag abzeichnet.

Im Klartext bedeutet das für Sie: Sind Sie beim Kauf betrogen worden, kann der Kreditgeber nicht sagen, dass ihn das nicht interessiert. Es handelt sich um ein verbundenes Vertragsverhältnis – die Raten müssen Sie nicht mehr bezahlen.

Umgekehrt kann auch der Verkäufer dann nicht einfach sagen, dass es ihn nichts angeht, wenn der Kreditvertrag fehlerhaft ist.

*Am besten Verkäufer und Kreditgeber an einem Tisch*

---

Für den Kreditgeber ergibt sich in diesem Fall der Vorteil des Sicherungseigentums am Kaufgegenstand. Eine Verlockung, der kaum ein Banker widerstehen kann.

# DIE SACHE MIT DER SCHUFA

Bevor man überhaupt einen Dispokredit bekommt, wird erst einmal seitens der Bank die Kreditwürdigkeit geprüft. Diese Überprüfung beginnt bereits mit der Kontoeröffnung. So ist in jedem Kreditantrag die so genannte »Schufa-Klausel« enthalten.

Weitergabe von Bankdaten

Da heißt es dann, oftmals kleingedruckt: »Die Bank ist berechtigt, der Schutzgemeinschaft für allgemeine Kreditsicherung (Schufa) Daten des Kontoinhabers über die Errichtung und nicht vertragsgemäße Nutzung dieser Kontoverbindung zur Speicherung zu übermitteln.«

Die Schufa ist eine auf Gegenseitigkeit arbeitende Gemeinschaftseinrichtung der Kreditinstitute und der kreditgebenden Wirtschaft. Viele Versandhäuser und Kaufhäuser haben sich der Schufa angeschlossen. Die Kunden dieser Handelsunternehmen müssen damit rechnen, dass bei einem Kauf auf Rechnung bei der Schufa angefragt wird.

Der Vorteil dieser Einrichtung besteht für den Bankkunden darin, dass bei positiver Schufa-Auskunft eine Kreditgewährung bzw. die Einräumung eines Dispokredits einfach und problemlos ist. Enthält die Schufa-Auskunft allerdings negative Dinge, kann das jede Beziehung zwischen Kunden und Bank zunichte machen.

Gespeicherte Informationen

Die Schufa speichert in erster Linie Daten, die für die Abwicklung eines Kreditgeschäfts notwendig sind: Name, Geburtstag, Anschrift, Daten über Aufnahme und Beendigung einer Geschäftsverbindung, eingeräumte Ratenkredite (Betrag, Laufzeit, Ratenbeginn), Bürgschaftsübernahmen, Lohnabtretungen usw.

Außer diesen allgemeinen Daten werden aber auch so genannte »Negativmerkmale« gespeichert. Das sind Eintragungen, die sich aus einem vertragswidrigen Verhalten ergeben können. Bei einem Girokonto sind folgende Negativmerkmale möglich:

▶ Scheckrückgabe mangels Deckung
▶ Inanspruchnahme einer Lohnabtretung
▶ Wechselprotest
▶ Scheckkartenmissbrauch durch den Karteninhaber
▶ Beantragter Mahnbescheid
▶ Erlassener Vollstreckungsbescheid
▶ Kündigung des Kontos wegen Verzugs (Rückstand von mindestens zwei Raten)
▶ Kündigung des Kontos wegen missbräuchlicher Nutzung des Kontos

Kreditverpflichtungen von Kunden bleiben bis zur Rückzahlung gespeichert. Danach werden sie als erledigte Kredite für weitere drei Jahre gespeichert. Dabei zählt das Jahr der Eintragung nicht.

**Beispiel:** *Am 16. Januar 1999 wird ein Mahnbescheid an die Schufa gemeldet. Erst ab 1. Januar 2000 wird mit den drei Jahren gerechnet. Der Eintrag bleibt also bis 31. Dezember 2002 erhalten und wird erst zum 1. Januar 2003 gelöscht.*

## ÜBERPRÜFEN SIE DIE SCHUFA

Untersuchungen haben gezeigt, dass die Schufa nicht unfehlbar ist. Häufig kommt es vor, dass falsche Daten gespeichert sind bzw. dass gespeicherte Daten längst hätten gelöscht sein müssen.

### Expertentipp

Als Kontoinhaber und (zukünftiger) Kreditnehmer sollten Sie regelmäßig über eine Selbstauskunft abfragen, was über Ihre Person gespeichert ist. Für diese Selbstauskunft verlangt die Schufa etwa 15,– DM.

Schufa-Daten kontrollieren

Wenden Sie sich schriftlich an die Schutzgemeinschaft für allgemeine Kreditsicherung. Verwenden Sie dafür die folgende Schriftform:

**Musterbrief: Selbstauskunft bei der Schufa**

... (Absender)                             ... (Datum)

An ... (die Auskunftei)

Betrifft: Auskunftsanspruch zu den über meine Person gespeicherten Daten

Sehr geehrte Damen und Herren,

mir ist bekannt geworden, dass Sie Daten zu meiner Person gespeichert haben. Ich habe Anspruch auf Auskunft und bitte Sie, mir die zu meiner Person gespeicherten Daten bis zum ... (Datum einsetzen) bei mir eingehend vollständig übermittelt zu haben.

Für den Fall, dass Sie dieser Aufforderung nicht nachkommen, widerrufe ich meine etwaig abgegebene Einwilligung zur Weitergabe und Speicherung meiner personenbezogenen Daten unter Hinweis auf das Bundesdatenschutzgesetz in Verbindung mit § 823 II BGB und den damit verbundenen schadenersatzrechtlichen Konsequenzen.

Mit freundlichen Grüßen

... (Unterschrift)

**Eintragungen berichtigen lassen**

Natürlich sollte sofort das Ergebnis der Selbstauskunft geprüft werden. Und wenn da irgendetwas nicht stimmt, müssen Sie eine Berichtigung verlangen. Denn Ihnen kann ein hoher Schaden entstehen, wenn falsche Daten über Sie gespeichert sind.

Eine falsche Schufa-Eintragung kann Ihre Kreditwürdigkeit zunichte machen, aufgrund eines Fehlers bekommen Sie dann kein Geld.

**Sie haben Anspruch darauf,** dass falsche Daten von der Schufa gelöscht werden. Sollte die Schufa trotz Aufforderung die Eintragungen nicht berichtigen, sollten Sie sich beim Datenschutz-Beauftragten beschweren.

Falsche Daten müssen gelöscht werden

Es gibt für jedes Bundesland einen Beauftragten, die Adresse können Sie bei der zuständigen Landesregierung erfragen. Meist haben aber auch die örtlichen Behörden diese Adresse sofort zur Hand (Gemeinde, Stadt-, Kreisverwaltungen).

Außerdem kann es für Sie wichtig sein, zu wissen, an wen die falschen Daten bisher übermittelt wurden. Auch dafür haben wir schon den richtigen Musterbrief zur Hand:

---

## Musterbrief: Berichtigung falscher Daten bei der Schufa

... *(Absender)*                      ... *(Datum)*

An ... *(die Auskunftei)*

Betrifft: Berichtigungsanspruch bezüglich der über mich gespeicherten personenbezogenen Daten

Sehr geehrte Damen und Herren,

mir ist bekannt geworden, dass Sie Daten zu meiner Person gespeichert haben.
Insbesondere sind folgende Daten gespeichert ... *(falsche Daten als Stichworte einfügen)*.

Diese Daten sind falsch, ich bitte um unverzügliche Streichung bzw. um Berichtigung. Ich fordere Sie auf, mir bis zum ... *(Datum einsetzen)* mitzuteilen, wem Sie diese Daten übermittelt haben, und mir den Widerruf der Werthaltigkeit dieser Daten gegenüber den Empfängern nachzuweisen.

---

Richtig sind die über mich zu speichernden Daten wie folgt: … *(alle falschen Daten berichtigen)*.

Ich habe Anspruch auf Auskunft und bitte Sie, mir die zu meiner Person nunmehr verändert gespeicherten Daten bis zum … *(Datum einsetzen)* bei mir eingehend vollständig übermittelt zu haben.

Für den Fall, dass Sie dieser Aufforderung nicht nachkommen, widerrufe ich meine etwaig abgegebene Einwilligung zur Weitergabe und Speicherung meiner personenbezogenen Daten unter Hinweis auf das Bundesdatenschutzgesetz in Verbindung mit § 823 II BGB und den damit verbundenen schadenersatzrechtlichen Konsequenzen.

Mit freundlichen Grüßen

… *(Unterschrift)*

Daten dürfen nur mit Genehmigung des Kunden vom Kreditinstitut an die Schufa weitergegeben werden. In der Regel unterschreiben Sie diese Genehmigung mit dem Antrag auf Kontoeröffnung.

Bei Guthabenkonto keine Schufa-Daten

**Wichtig:** Die Genehmigung zur Datenweitergabe an die Schufa oder andere Auskunfteien kann verweigert werden. Das ist dann der Fall, wenn Sie Ihr Girokonto als reines Guthabenkonto führen.

Auch im Nachhinein können Sie eine Genehmigung zur Speicherung widerrufen. Der Widerruf sollte stets in schriftlicher Form erfolgen. Allerdings sollten Sie immer im Hinterkopf behalten, dass Sie ohne positive Schufa-Auskunft normalerweise keinen Kredit bei der Bank bekommen, es sei denn, dass Sie für die Bank bereits seit längerer Zeit ein guter Kunde sind.

## Musterbrief: Verbot der Weitergabe von Daten

... *(Absender)*            ... *(Datum)*

An ... *(die Auskunftei)*

Betrifft: Widerruf der Einwilligung zur Verarbeitung personenbezogener Daten

Sehr geehrte Damen und Herren,

mir ist bekannt geworden, dass Sie Daten zu meiner Person gespeichert haben.
Ich widerrufe meine Einwilligung zur Speicherung, Verarbeitung und Weitergabe.
Für den Fall, dass Sie dieser Aufforderung nicht nachkommen, verweise ich auf das Bundesdatenschutzgesetz in Verbindung mit § 823 II BGB und den damit verbundenen schadenersatzrechtlichen Konsequenzen.

Mit freundlichen Grüßen

... *(Unterschrift)*

# DIE KÜNDIGUNG VON KREDITEN

Es gibt verschiedene Gründe, die dafür sprechen, von einem Kreditvertrag zurückzutreten. Damit steht man dann allerdings vor einem Problem, denn ein Kredit läuft immer über einen vorher festgelegten Zeitraum – vorher raus kommt man nur unter ganz bestimmten Bedingungen.

Welche Voraussetzungen man für eine Kündigung erfüllen muss, wie und aus welchen Gründen man kündigt und wann es sich lohnt, den Kreditvertrag doch bestehen zu lassen, erfahren Sie in diesem Kapitel.

Nicht nur der Kreditnehmer, auch der Kreditgeber kann kündigen

Neben den Kündigungswünschen des Kreditnehmers befassen wir uns aber auch eingehend mit dem Kreditgeber: dem Kreditinstitut. Denn von dieser Seite können ebenfalls Kreditkündigungen drohen, manchmal begleitet von äußerst unschönen Tricks.

## Expertentipp

Von allen Kreditverträgen (nicht nur beim Vermittler) kann der Kunde innerhalb von sieben Tagen nach Unterzeichnung des Vertrages zurücktreten (§ 7 Verbraucherkreditgesetz, gilt aber nicht bei Hypothekendarlehen).

Es genügt innerhalb dieser Frist, eine handgeschriebene Kündigung dergestalt wie »Ich will den Vertrag nicht mehr und trete zurück« per Einschreiben mit Rückschein abzusenden.

Nicht mal dann, wenn das Geld schon ausgezahlt wurde, fällt das Rücktrittsrecht weg. Bereits erhaltene Darlehen (Schnellkredite, Sofort-Finanzierungen) sind dann jedoch innerhalb von zwei Wochen zurückzuzahlen. Neben diesem Rücktrittsrecht ist der Verbraucher per Gesetz auch gegen Wucherzinsen geschützt.

# BEI ZINSWUCHER IST DER KREDITVERTRAG
## SITTENWIDRIG

Kreditverträge können nicht ohne Sinn und Verstand gestaltet werden, dafür sorgt glücklicherweise das Gesetz. Der Staat hat eine Reihe von Schutzvorschriften erlassen, so zum Beispiel die Sittenwidrigkeit. Ist ein Vertrag sittenwidrig, dann können die Vertragspartner trotz gültigen Vertrages nicht auf Vertragserfüllung verklagt werden, der Inhalt des Vertrags ist laut Gesetz nichtig. Ein Kreditvertrag ist sittenwidrig, wenn sichergestellt ist, dass Wucherzinsen verlangt werden. Das kann in einem Gerichtsverfahren festgestellt werden. Oder man rechnet es selbst aus und lässt es von einer Verbraucher- oder Schuldnerberatungsstelle überprüfen.

**Wichtig:** Wurde festgestellt, dass Wucherzinsen verlangt werden, dann muss der Kunde keine Zinsen mehr zahlen. Dem Kreditgeber sind dann nur noch die bisher nicht getilgte Nettokreditsumme und die halben Kosten der Restschuldversicherung zu erstatten.
Diese Erstattung kann auch in monatlichen Raten entsprechend der ursprünglichen Laufzeit des Darlehens geschehen.

*Keine Zinsen mehr bei Wucherkrediten*

Alle anderen Kosten, die im Zusammenhang mit dem Kreditvertrag stehen, also Abschluss-, Vermittlungs-, Bearbeitungs- oder Mahngebühren, dürfen nicht berechnet werden und sind für den Wucherer verloren.
Bevor Sie sich fachlichen Rat einholen, prüfen Sie erst einmal selbst, ob Sie möglicherweise unerlaubt hohe Zinsen bezahlen. Wucherzinsen im Sinne des Gesetzes (Wucherparagraph 138 BGB) und der ständigen Rechtsprechung (z. B. Bundesgerichtshof, III ZR 30/87) werden verlangt, wenn
- Der Effektivzins um mehr als das Doppelte über dem marktüblichen Zins liegt (evtl. genügt auch schon eine 80-prozentige Überteuerung) oder

- Wenn zwischen Effektivzins und marktüblichem Zins mindestens zwölf Prozentpunkte liegen, also z. B. 28 Prozent statt der gerade marktüblichen 15 Prozent zu bezahlen sind

Bei Krediten mit einer Laufzeit bis zu 48 Monaten lässt sich der Effektivzins des eigenen Vertrages leicht selber ermitteln. Die nachfolgende Berechnungsmethode wird üblicherweise als »Uniformmethode« bezeichnet.

## Berechnen Sie Ihren Effektivzins selbst

Für die eben erwähnte Uniformmethode gilt einschränkend die Regel, dass die Berechnung von Krediten mit mehr als 48 Monaten Laufzeit zu ungenau wird (im Gegensatz zu einer exakten »finanzmathematischen« Berechnung, die allerdings einen Computer oder finanzmathematisches Grundwissen erfordert).

### 1. Schritt

Relativ einfache Effektivzinsberechnung

Zunächst werden Nettokredit, Laufzeit (in Monaten) und die Gesamtkosten des Kredites inkl. der evtl. noch an fremde Stellen oder Vermittler gezahlten Gebühren addiert. Nicht erfasst werden Prämien für die Restschuldversicherung.

| Kreditgebühren (Zinsen) | 969,40 DM |
|---|---|
| Bearbeitungsgebühren | + 105,– DM |
| Kosten/Spesen | + 17,– DM |
| Vermittlungsgebühren | + 89,– DM |
| Gesamtkosten | = 1180,40 DM |

Außerdem werden noch folgende Daten benötigt:

| Laufzeit | 36 Monate |
|---|---|
| Abschlussdatum | März 1999 |
| Auszahlungsbetrag | 3.500,– DM |
| Vermittlungsgebühren | abzüglich 89,– DM |
| Nettokredit | 3.411,– DM |

## 2. Schritt

Jetzt werden diese Daten in folgende Formel eingesetzt:

$$\frac{\text{Gesamte Kreditkosten} \times 2.400}{\text{Nettokredit} \times (\text{Laufzeit} + 1)} = \text{jährlicher Effektivzins}$$

Die Daten haben wir eben in den Tabellen zusammengestellt, von dort müssen sie nur noch in die Formel übertragen werden:

$$\frac{1.180,40 \times 2.400}{3.411,00 \times (36 + 1)} = 22,45\ \%$$

## 3. Schritt

Jetzt muss nur noch der marktübliche Effektivzinssatz ermittelt werden. Dazu sind die in den Monatsberichten der Deutschen Bundesbank ermittelten Durchschnittszinssätze behilflich. Jede Verbraucherschutzeinrichtung verfügt über diese Daten, die Sie problemlos abfragen können. Im März 1999 lag der marktübliche Effektivzinssatz z. B. bei 0,39 Prozent. Ebenfalls anerkannt wird eine Bearbeitungsgebühr von 2 Prozent des Nettokredites. Für unser Beispiel ergibt sich daraus die folgende Gleichung:

Marktüblichen Effektivzinssatz berechnen

$$\text{Zinsen} = \frac{\text{Durchschnittssatz} \times \text{Laufzeit} \times \text{Nettokredit}}{100}$$

Die Zinsen (Kreditgebühren) lassen sich somit für unser Beispiel leicht errechnen:

$$\frac{0,39 \times 36 \times 3.411}{100} = 478,90\ \text{DM}$$

Die Bearbeitungsgebühren sind ebenfalls schnell feststellbar:
2 % von 3.411 = 68,22 DM
Also ist als Gesamtkosten die Summe der beiden Beträge anzusetzen: 547,12 DM

Eingesetzt in unsere Effektivzinsformel von Schritt 2, ergibt sich folgendes Ergebnis:

$$\frac{547,12 \times 2.400}{3,411,00 \times (36 + 1)} = 10,40\,\%$$

## 4. Schritt

Nun werden unsere ermittelten Ergebnisse über folgende Formel miteinander verglichen:

$$\frac{\text{Vertragszins} - \text{marktüblicher Zins}}{\text{marktüblicher Zins}} \times 100 = \text{Überteuerung in }\%$$

Ausgefüllt mit den ermittelten Zahlen, sieht die Gleichung dann so aus:

$$\frac{22,45 - 10,40}{10,40} \times 100 = 115,87\,\%$$

In unserem Beispiel liegt der Vertragszins also um 115,87 Prozent über dem marktüblichen Zins. Mit anderem Worten: Der Kredit ist um mehr als das Doppelte teurer als die Durchschnittskredite zum Zeitpunkt des Vertragsabschlusses.

**Sittenwidriger Kreditvertrag** Damit ist das wichtigste Kriterium erfüllt, um diesen Vertrag als sittenwidrig anerkannt zu bekommen: Der absolute Unterschied zwischen den ermittelten Zinssätzen (22,45 % – 10,40 %) beträgt 12,05 Prozentpunkte. Hier liegt also ein wirklich »auffälliges Missverhältnis zwischen Leistung und Gegenleistung« vor.

Kreditverträge mit Wucherzinsen müssen heute glücklicherweise nicht mehr so häufig befürchtet werden, wie es in der Vergangenheit der Fall war. Denn die Rechtsprechung zum Aspekt der Sittenwidrigkeit hat sich seitdem gefestigt, und viele Kreditinstitute haben sich darauf eingestellt. Doch trotzdem ist eine genaue Kontrolle des Kreditvertrages immer ratsam!

## Aus sittenwidrigen Krediten aussteigen

Ist bei einem Kreditvertrag Sittenwidrigkeit nachgewiesen worden, sollte sofort gehandelt werden:

▶ Der Kunde muss nur noch den ursprünglichen Nettokreditbetrag zurückzahlen.

▶ Die Zahlungen können in dem laut Kreditvertrag vorgesehenen Zeitraum erfolgen.

▶ Alle Gebühren bis auf die Hälfte einer eventuell abgeschlossenen Restschuldversicherung entfallen.

▶ Zinsen müssen überhaupt nicht gezahlt werden.

▶ Sind über den von der Bank zu beanspruchenden Betrag hinausgehende Zahlungen geleistet worden, besteht ein Erstattungsanspruch.

### Expertentipp

Zinsrückzahlungsansprüche aus sittenwidrigen Verträgen verjähren erst nach vier Jahren. Wer noch alte Kreditverträge hat, selbst wenn sie schon erfüllt sind, sollte die bescheidenen Mühen und Kosten für eine Klärung nicht scheuen; vielleicht ergibt sich ja ein Erstattungsanspruch.

*Zinsrückzahlungsansprüche sind noch nachträglich möglich*

Bei Verdacht der Sittenwidrigkeit wenden Sie sich an eine Verbraucherberatungsstelle, an Schuldnerberatungen oder ein Rechtsanwaltsbüro. Die exakte Berechnung Ihres Kreditvertrages und der Vergleich mit marktüblichen Konditionen verlangen finanztechnische Spezialisierung.

# KÜNDIGUNG DURCH DEN KREDITNEHMER

Niedrigzinsen für Ratenkredite und Baufinanzierungen sind immer dann ärgerlich, wenn jetzt noch Monatsraten für ältere Kredite abgezahlt werden, die mit höherem Zinssatz abgeschlossen wurden. Aber: Manchmal gibt es gute Möglichkeiten, aus den alten Zahlungen herauszukommen, neu zu finanzieren.

Die Kündigung eines Kredits kann für den Kreditnehmer auch dann Sinn machen, wenn durch besondere Einnahmen ein kleiner oder größerer Geldsegen ins Haus steht, z. B. durch

- Den Lohnsteuerjahresausgleich
- Eine Abfindungszahlung vom Arbeitgeber
- Die Auszahlung einer Lebensversicherung oder eines Sparvertrages
- Schenkungen oder Erbschaften

Wobei wir hier den oft zitierten Lottogewinn mal weglassen. Über die weitere Verwendung des Geldes wird meistens erst mal diskutiert: Soll es angelegt werden – oder soll man es zur Rückzahlung des Kredits verwenden und das schöne Geld folglich gleich wieder ausgeben?

*Die beste Geldanlage ist die Rückzahlung der Schulden*

**Grundsätzlich gilt:** Ehe man sich zu irgendeiner Geldanlage entschließt, sollten alle Schulden zurückgezahlt werden. Denn selbst für die beste Anlage gibt es nie höhere Guthabenzinsen, als man Schuldzinsen für den Kredit bezahlen muss.

Die vorzeitige Rückzahlung von Krediten ist also die beste Geldanlage. Ein Ausnahmefall stellt sich nur dann ein, wenn die Rendite aus der Kapitalanlage höher ist als der Jahreseffektivzins für den noch abzuzahlenden Kredit – aber das kommt fast nie vor.

Doch nur bei Überziehungskrediten ist es möglich, seine Schulden auf einen Schlag abzuzahlen. Bei anderen wird man sein Geld so schnell nicht los. Das mag komisch klingen, aber die Bank macht mit den Schulden das beste Geschäft. Die Erklärung dafür liegt in der Differenz zwischen den Zinsen, die Geldinstitute für Einlagen (Habenzinsen) bieten, und denen, die sie für Kredite (Sollzinsen) verlangen. Wann Sie aussteigen können, hängt immer von der Art des Kredits ab: Denn wenn wir trotzdem von Ausnahmen sprechen, dann wird es sich hierbei fast immer um Hypotheken-,

Grundschuld- oder Bauspardarlehen handeln. Weil der Sollzins da durchaus zwischen 5,5 und 7,5 Prozent liegen kann, in guten Zeiten aber auch mal Anlagen mit acht bis neun Prozent Zinsen möglich sind, kann sich ein genaues Nachrechnen lohnen.

Das gilt jedoch nicht bei Konsumentenkrediten, denn die Kosten für einen Ratenkredit sind immer höher als die Erträge, die ein normaler Geldanleger durch Zinsgewinne und Rendite einstecken kann. Also zahlen Sie Ratenkredite so schnell wie möglich zurück.

Leider fehlt im Kleingedruckten der Kreditverträge oft der genaue Hinweis auf die Rechte und Möglichkeiten des Kreditnehmers im Hinblick auf die vorzeitige Kreditablösung. Hierzu sind die Banken leider auch nicht verpflichtet. Anscheinend unterstellt der Gesetzgeber, dass die entsprechenden Paragraphen des BGB zum Allgemeinwissen eines jeden Kreditnehmers gehören.

Das vorzeitige Kündigungsrecht des Kreditnehmers ist durch § 609a des Bürgerlichen Gesetzbuchs (BGB) bestimmt.

**Wichtig:** Für Konsumentenkredite gilt die Regel, dass diese frühestens ein halbes Jahr nach dem vollständigen Erhalt des Kreditbetrages unter Wahrung einer Kündigungsfrist von drei Monaten gekündigt werden können. Besondere Regelungen durch die Verträge der Kreditinstitute dürfen diese gesetzlichen Rechte und Möglichkeiten des Konsumenten nicht einschränken, sondern sie dürfen sie nur erweitern.

Rechte bei der Kreditkündigung

Für den Verbraucher, der aus seinem Kreditvertrag aussteigen will, ergibt sich daraus folgende Konsequenz:

- Ein normaler Ratenkredit mit festem Zinssatz (keine Hypotheken) kann frühestens sechs Monate nach seiner Auszahlung mit einer Frist von drei Monaten gekündigt werden. Erstmals also nach neun Monaten Laufzeit. Läuft er bereits länger, gilt die Drei-Monats-Frist. Ausnahmen sind gewerbliche Kredite, bei denen muss die Zeit der Zinsfestschreibung (eventuell die ganze Laufzeit) abgewartet werden.

**Kündigungs-fristen**

- Ein Darlehen ohne festen Zinssatz (»variable Konditionen«) kann jederzeit unter Einhaltung einer dreimonatigen Frist gekündigt und zurückgezahlt werden.

- Hypotheken und Baudarlehen (praktisch alle Festzins-Kredite mit Absicherung im Grundbuch) können vor Ablauf der Zinsbindungsfrist nur abgelöst werden, wenn das Geldinstitut für den entgangenen Verdienst entschädigt wird. Das nennt sich Vorfälligkeitsentschädigung. Der Grund ist, dass die Institute im Vertrauen auf die Einhaltung des Vertrages selbst langfristige Bindungen eingehen (Verkauf von Pfandbriefen, siehe Seite 172).

Während bei allen anderen Krediten nur die Restschuld abzulösen ist, kommen bei den im Grundbuch abgesicherten Darlehen (z. B. auch von Bausparkassen) eine Reihe von weiteren Zahlungen hinzu. Für den, der kündigen will, läuft das fast auf eine Art Strafe hinaus.

## Die Ablösung von Ratenkrediten

Alle älteren Ratenkredite können mit einer Frist von drei Monaten gekündigt werden, die restlichen Schulden werden dann auf einen Schlag abgelöst. Wer das nicht mit dem Geld aus einer Abfindung, einer fälligen Lebensversicherung oder eine Steuerrückzahlung machen kann, für den kann sich auch die Umschuldung des alten Kredits durch ein neues Darlehen lohnen.

Faustregel: Immer dann, wenn noch nicht mehr als die halbe Kreditlaufzeit verstrichen ist und der Zinsunterschied zwischen altem und neuem Darlehen mindestens zwei Prozent beträgt, kann die Aufnahme eines neuen Kredits trotz erneuter Bearbeitungsgebühr finanzielle Vorteile bringen. Interessant ist das vor allem, wenn man die bisherigen Monatsraten senken will. Denn bei dem neu vereinbarten Darlehen kann eine längere Laufzeit gewählt und so die Ratenhöhe optimal angepasst werden.

**Aufnahme eines neuen Kredits kann vorteilhaft sein**

Ein Ratenkredit kann erst neun Monate nach seiner Auszahlung abgelöst werden. Auch in diesen Fällen hat der Kreditnehmer Anspruch auf die nicht verbrauchten Zinsen. Die Art und Weise der Berechnung dieser Zinsgutschrift ist ebenfalls im Verbraucherkreditgesetz geregelt. Sie muss nach einer staffelmäßigen Methode erfolgen. Eigene Kalkulationen zur Berechnung dieser Zinserstattung sind allerdings kaum möglich bzw. zuverlässig.

*Zinsgutschrift für nicht verbrauchte Zinsen*

So muss eine lineare Berechnung des Zinserstattungsanspruchs zwangsläufig zum falschen Ergebnis führen, z. B. wenn die gesamten Kreditgebühren durch die Anzahl der unverbrauchten Monate geteilt werden. Das lässt sich leicht dadurch erklären, dass zu Anfang des Engagements die Schuldsumme noch sehr hoch ist und nur langsam durch die kontinuierlichen Monatsraten reduziert wird. So werden zu Anfang mit den gezahlten Raten anteilig mehr Zinsen verbraucht als zum Ende des Engagements. Am besten lässt sich dieser Effekt anhand von Zahlen aus dem Alltag verdeutlichen.

## Rechenbeispiel für die vorzeitige Kreditablösung

Familie Fortuna hatte einen Kredit für das neue Auto aufgenommen:

| Nettokredit | | 30.000,– DM |
|---|---|---|
| Laufzeit | 60 Monate | |
| Ratenhöhe | 665,– DM | |
| nom. Zinssatz | 0,5% pro Monat | 9.000,– DM |
| eff. Zinssatz | 13,01 % | |
| Gebühren | 3% | 900,– DM |
| **Gesamtverpflichtung** | | **39.900,– DM** |

Nach 27 Monaten Laufzeit kommt die Familie zu einer unerwarteten Einnahme von knapp 16.000,– DM durch einen Lottogewinn. Nun wird Familie Fortuna in die Lage versetzt,

den Kredit für das Auto sofort zurückzuzahlen. Die Familie hat nämlich festgestellt, dass der Wert des Autos niedriger ist als der noch zurückzuzahlende Kredit.

Herr Fortuna kündigt fristgerecht (mit drei Monaten) den Vertrag und macht sich selbst die folgende Rechnung auf:

| | |
|---|---|
| Zinsen und Gebühren für 60 Monate | 9.900,– DM |
| Verbraucht sind 30 Monate (also die Hälfte) | 4.950,– DM |
| Herr Fortuna errechnet eine Erstattung von | 4.950,– DM |
| Der Gesamtkredit betrug | 39.900,– DM |
| abzüglich 30 Raten à 665,– DM | 19.950,– DM |
| abzüglich Erstattung für nicht verbrauchte Zinsen und Gebühren | 4.950,– DM |
| **Damit kommt er auf einen Betrag von** | **15.000,– DM** |

Es handelt sich mithin um die Hälfte des Nominal-Kreditbetrags. Also müsste der Lottogewinn groß genug sein, den Kredit abzulösen, denkt sich Herr Fortuna. Und deshalb schaut er völlig verdutzt, als die Bank seine Kündigung annimmt, aber zum Schluss einen Ablösungsbetrag von 17.383,57 DM fordert.

Herr Fortuna kommt bitterböse in die Sprechstunde der Verbraucherzentrale und bittet um Überprüfung der Berechnung der Bank. Er fühlt sich von dem Geldinstitut betrogen und tut dies auch lautstark kund. Aber schnell lässt sich feststellen, dass sich die Bank an den Rahmen der gesetzlichen Vorgaben bei der Abrechnung gehalten hat.

Zinsen werden staffelmäßig berechnet

Aus den anfangs schon genannten Gründen rechnet die Bank (und das völlig korrekt) die Zinsen staffelmäßig aus. Deshalb erhält Familie Fortuna bei vorzeitiger Ablösung eine Gutschrift von 2.566,43 DM. Daraus errechnet sich ein Ablösungsbetrag von 17.383,57 DM.

Die Bank konnte also – völlig korrekt – 2.383,57 DM mehr verlangen, als Herr Fortuna ausgerechnet hatte. Trotzdem wäre die Familie gut beraten, die Ablösung vorzunehmen.

Würde die Familie nämlich ihre unerwartete Einnahme am Kapitalmarkt anlegen, müsste die Rendite bei ca. elf Prozent liegen, damit sich ein Vorteil gegenüber einer sofortigen Ablösung des Ratenkredites ergibt.

### Expertentipp

Beachten Sie immer, dass bei Ratenkrediten eine Berechnung von Vorfälligkeitsentschädigungen oder Vertragsstrafen durch die Kreditinstitute unzulässig ist. Das widerspricht dem Kündigungsrecht.

*Keine Vertragsstrafe oder Vorfälligkeitsentschädigung*

Eine vorzeitige Kreditrückzahlung macht aber auch dann Sinn, wenn die Zinsen am Markt auf ein sehr günstiges Niveau sinken – wie in den Jahren 1998 und 1999.

Was wäre also, wenn der gleiche Ratenkredit, den Familie Fortuna zwei Jahre zuvor zum Effektivzinssatz z. B. von 13,01 Prozent geschlossen hatte, nun plötzlich für 11,01 Prozent zu bekommen wäre?

Bei Krediten mit variablen Zinsen, wo sich hinter dem Zinssatz die Buchstaben z. Zt. befinden, stellt sich die Frage nach Vorteilen durch sinkende Kapitalmarktzinsen erst gar nicht. Hier sind die Kreditinstitute nach höchstrichterlicher Rechtsprechung verpflichtet, sinkende Zinsen auch an die Kreditnehmer weiterzugeben.

Die Anpassung der Zinsen nach oben funktioniert bekannterweise ohne Hilfsmotoren vom Bundesgerichtshof; in diesen Fällen ist das selbstständige Handeln der Banken also sehr viel ausgeprägter. Aber mittlerweile funktioniert auch die Weitergabe von niedrigeren Zinsen an den Verbraucher nahezu reibungslos.

Üblicherweise sind bei Konsumentenkrediten jedoch die Zinsen für die gesamte Laufzeit festgeschrieben. Wer in der oben beschriebenen Situation (sinkende Zinsen) dann bei seiner Bank vorspricht und trotz festgeschriebener Zinsen auf Entgegenkommen hofft, wird allenfalls ein mildes Lächeln ernten.

**Die Banken haben ihr Geld im Blickfeld**

Es handelt sich bei den Kreditinstituten schließlich nicht um soziale oder mildtätige Einrichtungen, die nur das Wohl der Kreditnehmer im Auge haben. Der wirtschaftliche Effekt steht im Vordergrund. Und wenn man auf der Seite der Anleger steht, dann verlangt man ja auch, am Gewinn durch Zinsen beteiligt zu werden.

Aber wie sähe nun die Situation für Familie Fortuna aus? Sie möchte ja irgendwie doch von dem um zwei Prozentpunkte (von 13,01 auf 11,01 Prozent) gefallenen Kreditzins profitieren.

- Zunächst mal müsste schnell gehandelt werden. Denn der Kredit muss ja mit einer Frist von drei Monaten gekündigt werden.
- Zuvor sollte aber genau gerechnet und kalkuliert werden, ob sich die Umschuldung überhaupt lohnt.

Dabei kann man sich nun, auch ohne umständliche Rechnungen, an die folgenden Punkte halten, um sich selbst ein Urteil zu bilden.

## Checkliste: Umschuldung

▶ Lassen Sie sich den Ablösebetrag einschließlich der Gutschrift für noch nicht verbrauchte Zinsen vom Geldinstitut nennen.

**Wann sich die Umschuldung lohnen kann**

▶ Lassen Sie sich für diesen Ablösungsbetrag einen neuen Kredit anbieten (evtl. von derselben Bank, es kann aber auch jede andere sein).

▶ Lassen Sie bei der Berechnung des neuen Kredits dieselbe Ratenhöhe wie für den alten als Maßstab wählen und zugrunde legen.

▶ Wenn dann aus dem Tilgungsplan bzw. dem Kreditangebot erkennbar ist, dass die Anzahl der Raten (Laufzeit des Vertrages) geringer ist als beim Altkredit, lohnt sich die Umschuldung.

▶ Wird als Laufzeit des Umschuldungskredits die Restlaufzeit des Altvertrages gewählt und fallen dabei die Ratenzahlungen niedriger aus als vorher, lohnt sich die Umschuldung ebenfalls.

Diese Regeln aus der Checkliste gelten immer – unabhängig vom augenblicklichen Zinsniveau am Geldmarkt und den individuellen Kreditdaten. Aber weil solche allgemeinen Regeln immer theoretisch klingen, wollen wir das alles noch mal am Beispiel der Familie Fortuna genau betrachten. Zur Erinnerung schauen wir uns noch mal die bisherigen Kreditraten der Familie an:

| | |
|---|---|
| ursprünglicher Nettokredit | 30.000,– DM |
| Effektivzinssatz | 13,01 % |
| ursprüngliche Laufzeit | 60 Monate |
| **vereinbarte Ratenhöhe** | **665,– DM** |
| gezahlte Raten | 30 |
| Ablösebetrag für den Kredit | 17.383,57 DM |

Weil der durchschnittliche Effektivzins für einen Kredit jetzt auf 11,01 Prozent gefallen ist, geht Herr Fortuna los und holt sich nach dem oben genannten Kriterium ein Angebot:

| | |
|---|---|
| Nettokredit | 17.383,57 DM |
| Laufzeit | 30 Monate |
| monatlicher Zinssatz | 0,34 % – 1.773,12 DM |
| Gebühren | 3 % = 521,51 DM |
| Gesamtverpflichtung | 19.678,20 DM |
| Effektivzins | 11,01 % |
| **neue Ratenhöhe** | **655,94 DM** |

Für Familie Fortuna springt also tatsächlich ein kleiner Vorteil heraus. Daraus ergibt sich in 30 Monaten eine Ersparnis von 271,80 DM. Ob diese niedrigeren Raten den Umschuldungsaufwand (Telefonate, Fahrkosten usw.) aufwiegen, muss allerdings zusätzlich erwogen werden. Erst wenn in unserem Beispiel der monatliche Zinssatz unter 0,34 liegt, wird der Vorteil für die Fortunas größer.

*Umschuldungsaufwand*

143

Eine Um-
schuldung
lohnt sich ab
zwei Prozent-
punkten

**Faustregel für alle Kredite** im normalen Zinsbereich: Der Effektivzins muss um mindestens zwei Prozentpunkte niedriger als beim alten Kredit ausfallen, damit sich eine Umschuldung auch wirklich lohnt, und das ist nicht häufig der Fall.

Dies erklärt sich daraus, dass die mit dem Ursprungskredit über 30.000,– DM zu zahlende Abschlussgebühr bei vorzeitiger Vertragsauflösung nicht erstattet wird.

Außerdem erhebt die neue oder alte Bank auf den Umschuldungskredit wieder die volle Bearbeitungsgebühr oder noch andere Kostenpositionen.

Nun sind aber größere Zinsunterschiede und damit auch Vorteile bei einer Umschuldung durchaus denkbar. Und damit wäre es weiterhin denkbar, dass die Bank den Einnahmeverlust zu vermeiden sucht – zum Beispiel durch Bangemacherei.

Nicht ein-
schüchtern
lassen

So könnte die Bank versuchen, Familie Fortuna einzuschüchtern, indem sie darauf hinweist, dass nach Wirksamkeit der Kündigung das Restdarlehen innerhalb von 14 Tagen zurückzuzahlen sei.

Richtig ist jedoch die in § 609a (3) BGB festgelegte Regelung, nach der die Kündigung eines Kredits als nicht erfolgt gilt, wenn der Kredit nicht innerhalb von zwei Wochen zurückgezahlt wird.

## Umschuldung von Krediten wegen Geldmangel

Nun wird in vielen Fällen die Umschuldung andere Gründe haben als die erhoffte Ersparnis durch gesunkene Zinsen. Denn eine Umschuldung wird viel häufiger vorgenommen, weil neues Geld benötigt wird. Wir wollen auch das anhand eines Beispiels erklären.

Nehmen wir einmal an, Herr Debit hätte vor zwei Jahren einen Ratenkredit bei einem Monatszins von 0,35 Prozent aufgenommen. Nun aber ist seine alte Firma in Konkurs gegangen und Herr Debit hat seinen Arbeitsplatz verloren.

Allerdings hatte Herr Debit großes Glück, denn sein Können ist in den neuen Bundesländern sehr gefragt. Also nimmt er dort einen neuen Job an.

Nun braucht er für den erforderlichen Umzug eine Finanzierung, was eigentlich eine Aufstockung des bestehenden Kredits bedeutet.

Weiterhin angenommen, die Zinskonditionen haben sich innerhalb der letzten zwei Jahre verschlechtert; sie liegen jetzt bei 0,5% pro Monat.

Bei welcher Bank Herr Debit auch vorspricht, immer wird ihm dasselbe empfohlen: Er solle den Altkredit kündigen und diesen mit dem neuen Kredit zusammenfassen.

Die Argumente der Bankangestellten klingen für Herrn Debit erst einmal sehr einleuchtend:

- Nach der Umschuldung ist nur eine Rate zu zahlen.
- Nach der Umschuldung wird nur an eine Stelle gezahlt.
- Nach der Umschuldung ist alles viel übersichtlicher als bei zwei Krediten.

Wenn die Bank mit diesen Argumenten eine Umschuldung schmackhaft machen will, ist immer Vorsicht geboten. Denn die Bank denkt bei dieser Argumentation nicht an Herrn Debit, sondern in erster Linie an ihr eigenes Geschäft.

*Wann eine Umschuldung sich nicht rechnet*

Aber Herr Debit musste sich ja schon in der Vergangenheit mit dem Kreditgeschäft auseinander setzen. Also ist er nicht mehr ganz so unerfahren. Er stellt nach eingehender Prüfung fest, dass der Schuss in Richtung Umschuldung für ihn nach hinten losgeht.

- Er muss die Bearbeitungsgebühr für die Gesamtsumme des Umschuldungskredits bezahlen – sie fällt also auch für die damit abgegoltenen Altschulden an, also zum zweiten Mal.
- Er muss auch für den alten Teil des Kredits die neuen, jetzt höheren Zinsen bezahlen.

Herr Debit zahlt also den alten Kredit weiter und rechnet sich aus, dass er die Rate für den neuen Kredit aus seinem jetzt erzielten Einkommen aufbringen kann. Im Einkommensteuer-Jahresausgleich kann er die Umzugskosten außerdem steuerlich unter Werbungskosten geltend machen. Er nimmt sich vor, dann diesen Betrag umgehend auf den neuen Kredit einzuzahlen – unter Beachtung der dreimonatigen Kündigungsfrist. Und Herr Debit stellt fest, was wir auch Ihnen dringend empfehlen:

Jede Umschuldung verteuert die Sache für Sie, wenn seit der Aufnahme des alten Kredits die Zinsen gestiegen sind.

## Kündigung bei Hypotheken lohnt sich selten

Beim Vergleich der Zinsen für ein eventuell teuer aufgenommenes Baudarlehen mit den aktuellen Sätzen kann die Kündigung manchmal äußerst verlockend sein. Doch bei Baufinanzierungen kommt man aus fest vereinbarten Zinsen (meistens für Laufzeiten von zehn Jahren) nicht mehr so einfach heraus.

Banken müssen einer Kündigung des Darlehens zustimmen, wenn der Kunde z. B. eine Wohnung oder ein Grundstück verkaufen will. Trotzdem haben sie immer Anspruch auf eine Entschädigung für den ihnen dadurch entgehenden Gewinn.

Das können, je nach Darlehenshöhe und Restlaufzeit, etliche tausend DM sein. Und auch die Nebenkosten für das neue Darlehen werden oft unterschätzt.

Bei Ablösung des alten Darlehens und Abschluss eines neuen zahlt der Kunde deshalb häufig drauf, hat höhere Kosten, als an Zinsersparnis zu verdienen wäre.

*Entschädigung und Zinsvorteil sollten sich die Waage halten*

Es sollte also unbedingt vorher geprüft werden, ob sich die Kündigung lohnt, ob Entschädigung und Zinsvorteil sich nicht eventuell aufheben oder am Schluss sogar draufgezahlt wird.

Eine Faustregel zur Berechnung gibt es hier leider nicht. Denn der Entschädigungsanspruch des Instituts richtet sich immer nach dem Unterschied zwischen den Zinssätzen, die es bei einer Neuanlage des von Ihnen zurückgezahlten Geldes am Geldmarkt bekommt, und dem vom Kunden gezahlten Kreditzins.

Wer trotzdem über eine Kündigung seiner Hypothek nachdenkt, sollte den folgenden Ratschlag ernst nehmen.

**Achtung:** Je höher die vermeintliche Zinsersparnis für den Kunden wegen des niedrigen Marktzinses ist, desto größer wird auch der Erstattungsanspruch des Instituts. Wer eine Gegenrechnung von Zinsersparnis und Ablösungskosten aufmachen will, sollte dies mit einem in den Verbraucherzentralen verwendeten Computerprogramm tun lassen, denn allein mit dem Taschenrechner sind diese Berechnungen kaum durchzuführen.

*Die Kündigung einer Hypothek vorher durchrechnen*

Damit können auch die nach Ansicht von Verbraucherschützern nicht selten überzogenen Ablöseforderungen der Banken überprüft werden.

Und Sie können vorher Ihren Vorteil oder auch Nachteil berechnen und sich dann sicher für oder gegen eine Kündigung Ihrer Hypothek entscheiden.

## KÜNDIGUNG DURCH DEN KREDITGEBER

Unter bestimmten Voraussetzungen kann der Kreditgeber (die Bank oder die Sparkasse) den gewährten Kredit fällig stellen.

Normalerweise hat natürlich keine Bank oder Sparkasse ein Interesse daran, abgeschlossene Kreditverträge zu kündigen. Der Bauer schlachtet schließlich auch nicht ausgerechnet die Kuh, die am meisten Milch gibt.

Die Gefahr besteht deshalb nur, wenn der Kunde seinen Verpflichtungen nicht nachkommt. Aber dann ist die Kündigung rechtlich möglich.

Die Voraussetzung für eine Kündigung durch das Kreditinstitut sind mindestens zwei offene (schuldig gebliebene) Ratenzahlungen.

*Zwei offene Ratenzahlungen können zur Kündigung führen*

Die Kündigung kann dann aber nur mit einer Mindestfrist von zwei Wochen erfolgen. Das heißt im Klartext, dass der Schuldner nach der Kündigung noch mindestens zwei Wochen Zeit hat, um seine finanziellen Probleme in den Griff zu bekommen.

Ist die Frist verstrichen, wird nach der Kündigung allerdings der gesamte Kreditbetrag fällig. Dabei hat das Kreditinstitut die nicht verbrauchten Zinsen des Kredits an den Kreditnehmer zu erstatten.

Einmalig einbehaltene Gebühren z. B. für Vermittlung oder Beratung müssen vom Kreditinstitut jedoch nicht (auch nicht anteilig) zurückgezahlt werden.

## Die Kündigungstaktik bei Überziehungs- und Ratenkrediten

*Jederzeit Kündigung möglich*

Überziehungskredite können praktisch zu jeder Zeit gekündigt werden.

Ausgeschlossen sind nach den Geschäftsbedingungen zwar »Kündigungen zur Unzeit« und zugesagt wird »Rücksichtnahme auf den Kunden«. Aber diese Formulierungen sind dehnbar.

Die Gefahr eines finanziellen Zusammenbruchs droht deshalb immer zuerst über dem nicht vom Verbraucherkreditgesetz geschützten Überziehungskredit.

Im Normalfall geht das so: Das Institut kündigt und verlangt mit angemessener Frist den Ausgleich des Kontos, sprich Geld vom Kreditnehmer.

In dieser Schonzeit jedoch wird es kaum gelingen, die Gesamtlage zu verändern, denn kaum einer kann es schaffen, gleichzeitig einen neuen Kredit für den Ausgleich des Girokontos und zusätzliches Geld zur Bedienung des Ratenkredits zu finden.

*Eine Schuldenberatung kann helfen*

Selbst wenn sich in so einer Situation noch mal Geld auftreiben lässt, dann meist nur zu horrenden Zinsen. Die gewonnene Frist ist nur eine kurze Zeit, in der sich die Schulden explosionsartig vermehren können.

Statt nach Notlösungen und irgendwelchen finanziellen Überbrückungen zu suchen, sollte deshalb unbedingt die Schuldenberatung in Anspruch genommen werden (siehe Seite 202).

Beim Ratenkredit funktioniert die Kündigung nicht über den Hebel des Girokontos. Denn hier ist es fast unmöglich, dass

Zahlungsrückstände auflaufen, gleichzeitig aber das Girokonto (davon werden ja schließlich fast immer die Raten abgebucht) ein Guthaben aufweist.

Ratenkredite (auch Hypotheken) können nach erfolgloser Aufforderung zur Begleichung des Zahlungsrückstandes innerhalb von 14 Tagen sofort gekündigt werden, wenn der Kunde mit mindestens zwei Raten im Rückstand ist und die offene Summe

● Mindestens zehn Prozent des Darlehensbetrages bei Krediten mit bis zu 36 Monaten Vertragsdauer
  oder

● Mindestens fünf Prozent des Darlehensbetrages bei Krediten mit einer Vertragsdauer von mehr als 36 Monaten beträgt

Zahlungs-rückstand führt zur Kündigung mit Zwei-Wochen-Frist

Auf den ersten Blick sieht das zwar beruhigend aus. Denn zehn oder bei längeren Laufzeiten fünf Prozent der Darlehenssumme sind meistens mehr als zwei Monatsraten. Man hätte also noch etwas Luft.

Aber wenn die Institute nicht wohlwollend mitspielen, können sie die finanzielle Notsituation des Kreditnehmers fast beliebig beschleunigen.

# GELDANLAGE: SO ERKENNEN SIE GUTE ANGEBOTE

Niemand darf von seinem Kreditinstitut erwarten, immer richtig und fair beraten zu werden – leider. Häufig werden Versicherungen oder Sparverträge verkauft, obwohl es viel bessere Möglichkeiten der Geldanlage gibt. Verkauft wird, was für die Bank das beste Geschäft bringt. Nach solchen Verkaufserfolgen werden Mitarbeiter beurteilt und befördert. Wer mehr verdienen will, muss Kunden immer wieder auch schlechte Geschäfte vorschlagen.

*Die Bank folgt zuerst ihren Interessen*

Für einen Bank- oder Sparkassenkunden aber ist oft gar nicht erkennbar, ob er gut und halbwegs fair beraten wird und ob man ihm vernünftige Preise berechnet. Mit dem folgenden kleinen Test können Sie Ihr Geldinstitut mal überprüfen.

## Checkliste: Werden Sie von Ihrer Bank gut beraten?

(Bitte Ihre Antwort ankreuzen, Auflösung unten)

| | | |
|---|---|---|
| **Barabhebungen vom eigenen Konto:** Müssen Sie dafür Buchungs- oder Auszahlungsgebühren bezahlen? | ja ❑ | nein ❑ |
| **Bausparen:** Hat man Ihnen einen Bausparvertrag mit einer Summe von mehr als 40.000,– DM angeboten? | ja ❑ | nein ❑ |
| **Beratungsqualität:** Hat man sich mindestens ein Mal 45 Minuten Zeit genommen, um mit Ihnen über verschiedene Anlagemöglichkeiten zu sprechen? | nein ❑ | ja ❑ |
| **Geldumtausch:** Hat man Sie schon mal darauf hingewiesen, dass ein Geldumtausch im Urlaubsland meist günstiger ist, Sie zu Hause nur wenig umtauschen sollten? | nein ❑ | ja ❑ |
| **Kontoüberziehungen:** Hat man Ihnen bei einem Minus von mehr als zweieinhalb Gehältern schon mal angeboten, mit einem Ratenkredit umzuschulden? | nein ❑ | ja ❑ |

*Ist Ihre Bank ein guter Partner?*

150

| | nein | ja |
|---|---|---|
| **Kreditverhandlungen:** Haben Sie schon mal mit Ihrem Geldinstitut über Zinssätze für Darlehen verhandelt und dabei bessere als die Standardsätze angeboten bekommen? | ❏ | ❏ |
| **Lebensplanung:** Hat man mit Ihnen mal über Ihre beruflichen und familiären Pläne gesprochen? | nein ❏ | ja ❏ |
| **Ratenkredite:** Hat man Ihnen mehrere Alternativen mit unterschiedlichen Laufzeiten, Raten ausgerechnet und die jeweiligen Gesamtkosten in Mark genannt? | nein ❏ | ja ❏ |
| **Steuern:** Hat man Ihnen mal erklärt, wie Steuerabzüge bei Zinsen zu vermeiden sind, und Sie auf Steuer sparende Finanzgeschäfte hingewiesen? | nein ❏ | ja ❏ |
| **Urlaub:** Hat man Ihnen schon mal empfohlen, die Reisekosten mit einem Ratenkredit zu bezahlen? | ja ❏ | nein ❏ |
| **Vermögensbildung:** Hat man Ihnen mal verschiedene Möglichkeiten vorgeschlagen, mit Arbeitgeber- und Staatszulagen die größte Rendite herauszuholen? | nein ❏ | ja ❏ |
| **Vorsorge:** Hat man Ihnen eine Kapitallebensversicherung als Geldanlage vorgeschlagen, ohne vorher Ihre gesamte Vermögens- und Rentensituation zu berechnen? | ja ❏ | nein ❏ |
| **Zinserträge:** Hat man Sie schon mal darauf hingewiesen, wie sie ohne Risiko für das Geld auf dem Sparbuch höhere Zinsen bekommen können? | nein ❏ | ja ❏ |
| **Auswertung:** Je mehr Kreuze Sie in der linken Spalte haben, desto schlechter werden Sie als Kunde behandelt. Kundenfreundliches Verhalten zeigt sich immer, wenn Sie rechts ein Kreuz machen können. | | |

Von Banken und Sparkassen erwarten wir, dass sie uns dabei helfen, mehr aus unserem Geld zu machen. Doch grundsätzlich sind Geldinstitute keine verbraucherfreundlich arbeitenden Unternehmen, sondern genauso an Umsatz und Gewinn orientiert wie jeder kommerzielle Händler. Auf den eigenen Vorteil bedacht, wird man auch bei Banken und Sparkassen versuchen, Ihnen die höheren Preise zu berechnen und nicht stets die lukrativsten Anlagemöglichkeiten anzudienen. Dass die nächste Bank preiswertere Kredite gibt und die übernächste für Ihr Spargeld höhere Zinsen zahlt,

*Für die Banken steht ihr eigenes Geschäft im Vordergrund*

darauf muss Sie kein Kreditinstitut hinweisen. Ein Autohändler ist schließlich auch nicht verpflichtet, Ihnen das Model eines anderen Herstellers zu empfehlen, weil das preiswerter ist oder mit mehr Extras ausgestattet.

Sie können deshalb auch von den Gerichten keine Hilfe erwarten, wenn Sie ohne Not ein schlechtes Anlage- oder Kreditgeschäft abgeschlossen haben. Doch grundsätzlich hat die Rechtsprechung zum Thema Anlageberatung viele verbraucherfreundliche Urteile gesprochen.

## PFLICHTEN DER GELDINSTITUTE BEI DER ANLAGEBERATUNG

Eine Chance auf juristischen Erfolg gegen Geldinstitute hat man, wenn die Bank oder Sparkasse gegen ihre

- Beratungs- und Aufklärungspflichten oder
- Vorschriften über Vertragsinhalte

*Geldinstitute haften in bestimmten Fällen* bei der Ausnutzung von Notlagen für schlechte Geschäfte oder bei überhöhten Zinsforderungen verstößt.

Das heißt im Klartext: Bei schlechter Beratung und wissentlich falschen Tipps können Kreditinstitute haftbar gemacht werden.

Das heißt jedoch nicht, dass man sein Vermögen immer nahezu blind nach den Tipps der Institute einsetzen kann – und mögliche Verluste stets erstattet bekommt, denn die Gerichte machen bei der Entscheidung über Schadenersatzforderungen Unterschiede:

- Unerfahrene Geldanleger, die bisher nur in sehr sichere Anlagen investiert und z. B. festverzinsliche Wertpapiere gekauft haben, müssen umfassend beraten und auf Risiken deutlich hingewiesen werden.

- Erfahrene Geldanleger, die auch in der Vergangenheit schon mit risikoreichen Anlagen, wie z. B. Aktien, spekuliert haben, sind automatisch schlechter gestellt. Bei ihnen setzen die Gerichte voraus, dass sie sich der Gefahren bewusst sind und auch wissen, dass Tipps vom Bankberater keine Garantie für sichere Gewinne sind.

Wenn es wegen schlechter oder falscher Beratung tatsächlich zu einem Prozess kommen sollte, macht es für erfahrene Anleger keinen Sinn, sich vor Gericht als unwissend darzustellen.

Solche Schutzbehauptungen lassen sich von einem Mitarbeiter des Geldinstituts, der vor Gericht als Zeuge auftritt und sich an zurückliegende Spekulationsgeschäfte erinnert, schnell entkräften.

## Anlageberater müssen auf Risiken hinweisen

Allerdings muss der Berater den Anleger stets über den Umfang des Risikos aufklären – auch dann, wenn der Anleger bereit ist, ein Risiko einzugehen. Gegebenenfalls muss sich der Berater sogar davon überzeugen, wie groß die Kenntnis seines Kunden von den jeweiligen Anlagen und den damit verbundenen Risiken ist.

**Expertentipp**

Die größten Chancen, wegen falscher Beratung Schadenersatz verlangen zu können, bestehen immer dann, wenn Bank oder Sparkasse ganz offenkundig gegen die Anweisungen ihrer Kunden verstoßen haben. Das setzt aber voraus, dass es solche Anweisungen tatsächlich gab. Und um später nicht in Beweisnot zu kommen, sollte man solche Anweisungen am besten schriftlich erteilen, von dem jeweiligen Berater gegenzeichnen lassen und gut aufbewahren.

Anweisungen an das Geldinstitut schriftlich fixieren

Angenommen, es soll ein größerer Geldbetrag angelegt werden. Dann ist es ratsam, sich vorher selbst schon ein paar Gedanken über seine »Anlagestrategie« zu machen. Dafür braucht man noch kein Fachwissen, sondern muss lediglich seine ganz persönlichen Wünsche und Vorstellungen über die Verfügbarkeit des Geldes und das Risiko zu Papier bringen, welches man einzugehen bereit ist.

# DIE OPTIMALE VORBEREITUNG AUF EIN BERATUNGSGESPRÄCH

Bevor Sie eine Anlageberatung in einem Kreditinstitut aufsuchen, sollten Sie einige Vorbereitungen treffen, um sich abzusichern. Dazu gehören grundsätzliche Überlegungen zur persönlichen Risikobereitschaft, schriftliche Notizen und eine Begleitung für das Gespräch.

## Die persönliche Risikoeinschätzung

Jeder Anleger hat seine eigene Risikobereitschaft. Der eine empfindet schon den Verzicht auf Zinsen als großes Risiko – für den anderen fängt das Risiko erst bei einer Verlustmöglichkeit von 10.000,– DM an.

Um Ihnen ein paar Anhaltspunkte zu geben, schlagen wir für die Einschätzung des Risikos folgende Unterteilung vor:

*Jeder muss selbst wissen, wie weit er gehen will*

▶ Ohne jedes Risiko sind Anlagen, bei denen eingesetztes Kapital niemals aufs Spiel gesetzt wird und man für den jeweiligen Anlagebetrag mit einer festen Verzinsung rechnen kann (z. B. Festgeld, Bundeswertpapiere, Pfandbriefe).

▶ Geringes Risiko bedeutet, dass die eingesetzten Beträge zwar nicht aufs Spiel gesetzt werden, der Anlagebetrag also auf jeden Fall erhalten bleibt, eine Rendite aber mal größer und mal kleiner ausfallen kann. Das ist zum Beispiel bei Investmentfonds der Fall, wobei Immobilienfonds zumindest in den nächsten Jahren von den meisten Experten sogar als Anlage ohne Risiko angesehen werden.

▶ Großes Risiko besteht immer dann, wenn man das eingesetzte Kapital zum Teil oder auch ganz verlieren kann. Eine typische Anlage mit großem Risiko sind Aktien.

Auch dann, wenn der Anleger bereit ist, ein Risiko einzugehen, muss ihn der Berater über den Umfang des Risikos aufklären. Deshalb haben wir in der Checkliste für das Beratungsgespräch extra eine Spalte eingerichtet, in der solche Angaben eingetragen werden können. Doch die Berater sollen nicht nur darüber informieren, welche Chancen oder welche Risiken sich hinter der jeweiligen Anlage verbergen, sondern sie sollen ihren Kunden auch klipp und klar sagen, was sich hinter der jeweiligen Anlageform verbirgt.

Vor allem bei unerfahrenen Anlegern gehört es zur Beratungspflicht, auf versteckte Risiken hinzuweisen. Angenommen, der Kunde wird zum Kauf von Anlagen in einer fremden Währung ermuntert, dann darf der Berater nicht nur auf die dort womöglich sogar garantierten sehr hohen Zinsen hinweisen. Er muss seinen Kunden vielmehr darüber aufklären, dass die Rendite bei solchen Papieren auch von den Wechselkursen am internationalen Währungsmarkt abhängig ist. Bei Anlagen in einer schwachen Währung müsste er seine Kunden also davor warnen, dass sie trotz hoher Verzinsung bei gleichzeitigem Kurssturz der Währung einen Verlust machen können.

**Aufklärungspflicht des Beraters**

## Checkliste: Das Beratungsgespräch

| Anlagewünsche Gesamtbetrag: 60.000 DM | | | Vorschläge der Bank oder Sparkasse | |
|---|---|---|---|---|
| Summe (DM) | Geld soll verfügbar sein innerhalb von | Risikobereitschaft | Anlageart | Rendite bzw. Gewinn- oder Verlustrisiko in % |
| 10.000,– | wenigen Tagen | ohne jedes Risiko | | |
| 20.000,– | 3 Monaten | ohne jedes Risiko | | |
| 10.000,– | 1 Jahr | geringes Risiko | | |
| 10.000,– | 2 Jahren | geringes Risiko | | |
| 10.000,– | 2 Jahren | großes Risiko | | |

Besprochen mit: _____ *(Name des Beraters/Instituts)*
Am: _____ *(Datum)*

155

Natürlich handelt es sich bei den Beträgen und ihrer Aufteilung in dieser Checkliste nur um Beispiele. Die Angaben des Anlegers sollten jedoch so detailliert erfolgen wie in diesem Muster. Das Kreditinstitut erhält damit klare Anweisungen, aus denen es die Risikobereitschaft des Anlegers erkennen kann. Der Anleger wiederum erfährt durch die einzutragenden Angaben der Bank, worauf er sich möglicherweise einlässt.

## Gehen Sie nicht allein zum Anlageberater

Kreditinstitute müssen ausdrücklich darauf hinweisen, wenn sie über eine bestimmte Anlageform keine Erkenntnisse haben oder nicht versucht haben, die Qualität der Anlagen zu überprüfen. Dem in Beratungsgesprächen typischen Satz »Sie könnten natürlich auch die XY-Papiere nehmen ...« müsste der Berater danach sofort hinzufügen: »Wir haben aber keine Erkenntnisse darüber, ob Sie mit diesem Papier glücklich werden.«

*Fundierte Meinungsbildung im Beratungsgespräch* Im Grunde genommen verlangen die Gerichte damit nur Selbstverständlichkeiten von den Beratern der Geldhäuser. Sie sollen ihren Kunden so viel wie möglich über die Anlage erzählen, um ihnen selbst eine fundierte Meinungsbildung zu ermöglichen. Bei seiner Entscheidung soll der Kunde sorgfältig zwischen Vor- und Nachteilen abwägen können – ohne allein den Überredungskünsten des Beraters aufzusitzen.

### Expertentipp

Sie wissen nicht, auf welchen Berater-Typ Sie stoßen werden. Und deshalb sollte eine Grundregel immer beachtet werden: Gehen Sie nie allein ins Beratungsgespräch, nehmen Sie immer einen Zeugen mit.

Erhebt der Kunde Ersatzansprüche wegen falscher Beratung und reicht der Anlageplan mitsamt den Eintragungen und Änderungen durch den Berater als Beweisstück nicht aus, können Zeugen im Gerichtsverfahren aussagen. Der Kunde selbst hat nämlich keine Möglichkeit, als Kläger (Beklagter ist die Bank) in den Zeugenstand zu treten. Die Bank aber kann ihren eigenen Mitarbeiter (den Berater nämlich) als Zeugen benennen. Und dann ist es nur von Vorteil, wenn der Kläger auch einen hat.

Für die spätere Eignung als Zeuge ist es unerheblich, ob ein Verwandter mitgenommen wird oder ein Fremder. Entscheidend ist, dass der Begleiter nur aufmerksam zuhört und sich eventuell zu den Angaben des Beraters ein paar Notizen macht. Selbst wenn sich die Begleitperson mit Geldanlagen auskennt, sollte sie sich aber nicht in das Beratungsgespräch einschalten und schon gar nicht mit ihren womöglich vorhandenen Kenntnissen auftrumpfen. Sonst könnte es nämlich leicht passieren, dass die Anwälte des Geldinstituts den Kunden und seinen Zeugen wie folgt im Prozess gegeneinander auszuspielen versuchen: »Auf dieses Risiko hat unser Berater nicht noch einmal ausdrücklich hingewiesen. Denn die Risiken hat ja bereits der Zeuge dem Beklagten ausführlich im Beisein unseres Beraters geschildert ...«

*Ein Zeuge beim Beratungsgespräch kann später nützlich sein*

## Ausgewählte Urteile zum Themenkreis Anlageberatung

### Bei Verlusten Schadenersatz von der Bank

Ein Geldinstitut muss den Kunden umfassend über die Risiken der jeweiligen Anlageformen aufklären. Verlangt der Kunde ausdrücklich eine risikolose Anlage, darf die Bank nur solche Möglichkeiten empfehlen, bei denen keine Verluste entstehen können. Einem Frankfurter Bankkunden, der ausdrücklich »kein Risiko eingehen« wollte, dann aber bankeigene Rentenfonds angedreht bekam, und der in einem Jahr zehn Prozent des eingesetzten Kapitals verlor, wurde deshalb Schadenersatz zugesprochen (AG Frankfurt/Main, 31 C 3752/94).

*Kundenwünsche sind verbindlich*

### Bank haftet nur, wenn Risiken verschwiegen werden

Um einen Kunden über die mit bestimmten Anlageformen verbundenen Verlustgefahren aufzuklären, genügt die Übersendung einer Informationsbroschüre. Das Geldinstitut ist nicht verpflichtet, den Anleger auch noch in einer mündlichen Beratung auf die Risiken hinzuweisen. Nur wenn die Bank den Kunden überhaupt nicht warnt und ihm keine Informationen zur Verfügung stellt, hat der Kunde Anspruch auf Schadenersatz für die entstandenen Anlageverluste (OLG Stuttgart, 9 U 185/94).

### Berater haften auch bei Wertpapier-Verkauf am Telefon

Wer sich am Telefon zum Kauf von Wertpapieren oder anderen Geldanlagen überreden lässt, kann bei Anlageverlusten Schadenersatz verlangen. Die Berater sind verpflichtet, unerfahrene Anleger über alle mit dem Geldeinsatz verbundenen Risiken aufzuklären. Wird das nicht getan, müssen sie zahlen (OLG Düsseldorf, 17 U 280/93).

### Verpflichtung zum Hinweis auf hohe Gebühren

Gebühren für An- und Verkauf

Bei bestimmten Geldanlagen und Spekulationspapieren können unter Umständen erhebliche Gebühren für An- und Verkauf anfallen. Zum Teil sind diese Provisionen derart hoch, dass eingesetztes Geld allein schon durch mehrmaligen Kauf und Verkauf von Papieren in erheblichem Umfang aufgezehrt werden kann. Auf dieses Risiko müssen unerfahrene Kunden von den Banken hingewiesen werden. Geschieht das nicht, ist die Bank zum Schadenersatz verpflichtet (BGH, XI ZR 188/95-6/96).

### Spekulieren auf Kredit – Bank muss nicht für Verluste haften

Normalerweise müssen Banken ihre Kunden umfassend auf die Risiken bei Spekulationsgeschäften (mit Aktien, Optionsscheinen) hinweisen. Das gilt vor allem, wenn der Kunde die Anlagepapiere mit einem Kredit finanziert, den dieselbe Bank gibt. Ohne die Risikoberatung könnte die Bank bei Verlusten des Kunden haftbar gemacht werden, ihre Ansprüche auf Kreditrückzahlung verlieren. Lässt sich der Kunde aber gar nicht beraten, sondern erteilt nur den Auftrag, Spekulationspapiere zu kaufen, die ihm von anderer Seite empfohlen worden sind, haftet die Bank nicht (BGH, XI ZR 232/95-3/96).

## Bank muss Geldverluste bei Spekulationen auf Pump ersetzen

Banken sind nicht verpflichtet, ihre Kunden über die Verwendungsrisiken eines Darlehens aufzuklären. Rät der Bankberater aber unerfahrenen Kunden dazu, den Kauf von Wertpapieren per Kredit zu finanzieren, liegen besondere Voraussetzungen vor. Bei so einer Spekulation auf Pump muss die Bank Schadenersatz zahlen, wenn sich der Kunde ausschließlich dafür verschuldet. Im vorliegenden Fall hatte die Bayerische Hypo- und Wechselbank einen Anleger überredet, eine Million Mark für den Aktienkauf aufzunehmen. Im Zuge der Fehlspekulation wollte die Bank sich später schadlos halten und verlangte von ihrem Kunden die Zwangsversteigerung seines Hauses – die Ansprüche wurden abgelehnt (BGH, XI ZR 22/96 – 03/97).

*Anlage per Kredit*

## Kundenwünsche sind verbindlich, bei Verlust haftet die Bank

Die Wünsche eines Bankkunden, wie mit seinem Geld zu verfahren sei, sind für das Kreditinstitut bindend. Andernfalls muss es für Verluste geradestehen. Der Fall: Ein Kunde verlor innerhalb von fünf Jahren ca. 160.000,– DM, weil die Bank seine Vorgaben ignoriert hatte (BGH, XI ZR 260/96 – 01/98).

## Kreditinstitute brauchen Kunden nicht vor Steuernachteilen zu retten

Wer der Bank zur Absicherung eines Darlehens Ansprüche aus Kapitallebensversicherungen abtritt, muss sich um die steuerlichen Folgen selbst kümmern. Hier hatte eine Bankkundin geklagt, die durch eine Steuerrechtsänderung Nachteile befürchtete. Eine Änderung der Abtretungsvereinbarung wäre zwar möglich gewesen. Das auf Eigeninitiative in die Wege zu leiten, so das Gericht, ist ein Kreditinstitut allerdings nicht verpflichtet (BGH, XI ZR 25/97 – 12/97).

## Hat die Bank keine Ahnung, ist sie aus dem Schneider

Ein Bankkunde, der ein Termin- oder Optionsgeschäft abschließen will, sollte sich selbst ganz genau über die damit

159

verbundenen Risiken informieren. Die eigene Bank darf sich grundsätzlich mit einer mündlichen Risikoabwägung begnügen. Mit dem Hinweis auf ihre fehlende Kompetenz kann sie sich schließlich ganz aus der Verantwortung stehlen. Das gilt zumindest, wenn sie sich außer Stande sieht, das Geschäft abschließend zu beurteilen. Das Risiko eventueller Verluste trägt der Kunde dann allein. Denn trotz erwähnter Bedenken muss die Bank den Vertragsabschluss nicht verweigern (BGH, XI ZR 286/97 – 05/98).

*Vorgetragene Bedenken entlasten die Bank*

### Geldinstitute tragen allein das Risiko für falsche Informationen

Wenn eine Bank wegen falscher Auskünfte Schadenersatz zahlen muss, ist ihr offensichtlich keine Ausrede zu dumm. In der Verhandlung berief sich ein Geldinstitut darauf, dass sein Angestellter zu diesem Thema gar keine Auskunft hätte geben können und dürfen, da er in diesem Bereich nicht sachkundig war. Antwort der Richter: Es reicht aus, dass der Angestellte in einem Bereich beschäftigt war, zu dem das Erteilen von Auskünften gehört. Der Kunde bekommt Schadenersatz (BGH, XI ZR 375/97 – 09/98).

### Kunden müssen besser informiert werden

Wenn eine Bausparkasse den Kunden nicht rechtzeitig auf erkennbare Probleme bei der Finanzierung aufmerksam macht und wenn sie ihn nicht von sich aus informiert, muss sie – wenn Verluste auftreten sollten – gegenüber dem Kunden Schadenersatz leisten. Das gilt selbst in dem Fall, wenn die Fehler von einem für die Bausparkasse tätigen, aber selbstständigen Berater begangen werden.

*Optimale Informationspflicht*

Im verhandelten Fall war von einer Bausparerin im Vertrauen auf die zugesagte Finanzierung ein Grundstück gekauft worden – aber die Finanzierung platzte. Die Bausparkasse musste einen Teil des finanziellen Schadens übernehmen, den Rest musste die Frau selbst tragen: Sie hatte versäumt, sich noch mal eine schriftliche Finanzierungszusage geben zu lassen (OLG Karlsruhe, 3 U 2/94-1/95).

## So setzen Sie Ihr Recht durch

### Musterbrief: Schadenersatzforderung wegen Anlageverlusten

... *(Absender)* ... *(Datum)*

An ... *(Vorstandssekretariat Ihres Geldinstituts)*

Betrifft: Kontonummer ... *(eventuell von Ihrem Stammkonto abweichendes Depotkonto angeben)*, Anlageverluste durch ... *(Anlagegeschäft näher beschreiben, z. B. Bezeichnung der Wertpapiere angeben)*

Sehr geehrte Damen und Herren,

am ... *(Datum einsetzen)* habe ich in Ihrer Filiale ... *(Ortsangabe)* mit ... *(Name des Mitarbeiters, der Mitarbeiterin)* ein Beratungsgespräch über Geldanlagen geführt. Dabei habe ich meine Ziele und Vorstellungen klar erläutert. Wesentliche Vorgabe durch mich war, dass
* bei der vorzuschlagenden Anlage keine Verluste des eingesetzten Kapitals drohen
* bei der vorgeschlagenen Anlage maximal ein Verlust von ... *(Maximalgrenze angeben)* Prozent des eingesetzten Kapitals riskiert werden darf.
Dennoch wurde mir zum oben näher bezeichneten Geschäft geraten. Hierdurch entstand mit ein Verlust in Höhe von ... *(Betrag angeben)* DM (oder EUR).
Im selben Zeitraum wäre es möglich gewesen, mit festverzinslichen Wertpapieren ohne Risiken eine Rendite von ... *(ermittelte Rendite angeben)* Prozent zu erwirtschaften.
Mir entstand durch den Verlust beim oben näher bezeichneten Geschäft und dem Verlust der Verzinsung ein Gesamtschaden in Höhe von ... *(angeben)* DM (oder EUR).
Ich fordere Sie auf, Schadenersatz wegen Falschberatung zu leisten und den Gesamtbetrag in Höhe von ... *(Betrag)*

*Schadenersatz aufgrund von Falschberatung*

DM (oder EUR) bis zum ... *(Datum einsetzen, 14 bis 16 Tage nach Absendetag des Schreibens)* meinem Konto mit der Nummer ... *(angeben)* gutzuschreiben.

Bei fruchtlosem Fristablauf werde ich juristische Schritte gegen Sie einleiten.

Mit freundlichen Grüßen

... *(Unterschrift)*

## WAS SIE ÜBER GELDANLAGEN WISSEN SOLLTEN

Im Umgang mit dem Kreditinstitut hat es natürlich der Anleger am leichtesten, der sich auskennt beim Thema Geldanlage. Damit kann man sich möglicherweise eine Menge Ärger ersparen. Es reicht schon, wenn man weiß, welche Anlageformen es gibt und welche Vor- und Nachteile sich dahinter verbergen. Mit diesem Wissen kann das Beratungsgespräch viel gezielter und effektiver geführt werden.

*Grundwissen um Anlageformen ist unerlässlich*

### Das kleine Einmaleins des Anlegers

Überlassen Sie Ihr Geld nicht dem Zufall, spielen Sie nicht blind. Denn die Geldanlage muss nicht zum Glücksspiel werden, die Gewinnchancen lassen sich nämlich durchaus absehen. Die folgenden Grundregeln, die bei jeder Geldanlage beachtet werden sollten, sind eine gute Vorbereitung für das Geschehen auf den Finanzmärkten.

**Sie müssen die Welt der Finanzmärkte verstehen**

Wer sich auf den Finanzmärkten auskennt, erkennt die Zusammenhänge schneller – und das ist ein großer Vorteil. So gibt es auf den Finanzmärkten bestimmte Regeln, nach denen sich die Kurse bisher immer bewegt haben – und die aller Wahrscheinlichkeit nach auch in Zukunft ihre Gültigkeit behalten. Steigen beispielsweise die Zinsen, lohnt sich das Sparen, Wertpapiere bringen sichere Gewinne. Die Aktienkurse sinken, denn viele Anleger verkaufen. Sinken dagegen die Zinsen, steigen die Aktienkurse. Sparen lohnt sich in diesem Fall nicht mehr.

*Entwicklung der Finanzmärkte verfolgen*

Eine andere wichtige Regel auf den Finanzmärkten: Steht eine Währung unter starkem Abwertungsdruck, werden für Anleihen in diese Währung oft höhere Zinsen gezahlt als bei Investitionen in stabile Währungen. Die hohen Zinsen gelten als Risikoprämie für die Anlage in die schwache Währung – Kursverluste sind zu erwarten.

## Informieren Sie sich regelmäßig in den Wirtschaftsnachrichten

Verlassen Sie sich nicht nur auf die Informationen, die Ihnen irgendwelche Berater geben wollen. Machen Sie sich selber schlau, und verschaffen Sie sich ein persönliches Bild von der aktuellen Situation. Behalten Sie stets die Entwicklung des Euros im Auge, und werden Sie ein Kenner des Geldmarkts. Eine regelmäßige Lektüre der Wirtschaftsnachrichten in Zeitungen, Funk oder Fernsehen gehört allerdings dazu. Mit Ihrem Wissen sind Sie dann in der Lage, bestimmte Entwicklungen vorherzusehen, und können Ihre Anlageentscheidungen gezielt treffen. Natürlich gehört auch etwas Glück dazu, aber Sie investieren mit Verstand und nicht ins Blaue.

*Wirtschaftsinformationen lesen*

## Das Anlagerisiko sollte gestreut werden

Investieren Sie niemals Ihr gesamtes Kapital in Aktien. Sie sollten nur dann Aktien kaufen, wenn Sie außerdem noch über sichere Geldanlagen (Festzins-Papiere) verfügen. Hoch spekulative Anlagen dürfen nie Ihr einziges Engagement

Anlagekapital splitten

sein. Wenn Sie nur in einen Aktienwert investieren, machen Sie jede Kursschwankung mit und können gegebenenfalls hohe Verluste machen. Bei einem Aktienfonds hingegen haben Sie bereits eine Risikostreuung, denn der Aktienfonds beinhaltet viele Aktien, so dass sich eventuelle Kursschwankungen einzelner Aktienwerte nicht unbedingt negativ auf die gesamte Anlage auswirken.

## Keine hoch spekulativen Anlagen auf Kredit

Banken leihen Ihnen gern Geld, wenn Ihre Kontostände für Spekulationen nichts mehr hergeben. Doch geht Ihre Spekulation nicht auf, nimmt die Bank darauf keine Rücksicht. Dazu kommt noch, dass die Sollzinsen bei Zinspapieren und auch bei Aktien für den Kredit im Normalfall höher sind als die durchschnittlichen Erträge.

Unsere Grundregel: Der Kredit sollte nur dann als Finanzierungshilfe in Anspruch genommen werden, wenn die Anlage als sicher und stabil gilt. Diese Kriterien werden zum Beispiel von Immobilien erfüllt.

## Hektik schadet jeder Anlage

Nicht immer den Trends folgen

Wenn Sie Ihre Anlageentscheidung getroffen haben, dann werden Sie nicht hektisch, wenn Sie die Engagements von anderen Anlegern beobachten. Vermeiden Sie hektische Umschichtungen! Machen Sie nicht den Fehler, immer einem gerade angesagten Trend hinterherzulaufen, schnell aus der einen Anlage aus- und in eine neue einzusteigen. Folgen Sie hier nicht Ihrem Finanzberater – auch wenn er Ihnen dazu rät.

Zu jeder Transaktion gehören neue Kosten und Gebühren. Je häufiger Sie Ihre Anlagen umschichten, desto höher müssen die Erträge sein, um überhaupt die entstandenen Kosten wieder hereinzuholen.

## Prüfen Sie die Renditeaussichten

Grundsätzlich gilt immer, dass nur große Risiken mit hohen Zinsen belohnt werden. Alles, was angeblich einen Ertrag von mehr als zehn Prozent bringen soll, ist bereits mit Vorsicht zu genießen. Hier steckt häufig Bluff dahinter!

Misstrauen ist auch angesagt, wenn Sie ein Angebot für eine Geldanlage im Briefkasten liegen haben oder aber ein alter Bekannter Sie mit einer einmaligen Chance zu einer Geldanlage überreden will.

Vergessen Sie getrost solche Angebote. Denn wenn jemand es nötig hat, für eine Anlage mit ganz sicheren Gewinnen per Postwurfsendung zu werben, kann es mit der Sache nicht weit her sein. Wirklich lukrative Geschäfte werden nämlich immer mit Beteiligung irgendwelcher Banken eingefädelt, finanziert oder abgewickelt.

*Misstrauen hilft vor bösen Überraschungen*

Genauso misstrauisch sollten Sie sein, wenn Ihnen jemand von neuen und lukrativen Anlagen erzählt. Ehe Sie hereingelegt werden, sollten Sie mal vorsichtig und hintenherum herausfinden, was es mit der Anlage auf sich hat.

**Achtung:** Alle Angebote, bei denen Sie sich ganz schnell entscheiden müssen und bei denen Sie keine Bedenkzeit bekommen, haben irgendwo einen Haken.

*Nie unter Zeitdruck entscheiden*

Wer einen wirklich guten Vertrag zu verkaufen hat, wird das sicher auch morgen noch tun können. Und die Gefahr, dass Ihnen andere das tolle Angebot wegschnappen, ist unbegründet.

Mit Hilfe von Zeitungen und Zeitschriften kann man sich gut einen Überblick über die Renditeentwicklung verschiedener Anlagen verschaffen. Zeitschriften wie *Finanztest, Capital* und *DM* veröffentlichen immer wieder Tabellen, aus denen sich die Renditen verschiedener Anlagen erkennen lassen. Auch für den unerfahrenen Anleger werden die Angebote mit Hilfe dieser Übersichten schnell durchschaubar, weil meistens die direkt miteinander konkurrierenden Angebote übersichtlich zusammengefasst sind. Langzeitvergleiche sowie Angaben zur letzten Jahresrendite lassen erkennen, ob es sich um eine wirklich über Jahre erfolgreiche Anlage handelt (z. B. einen gut gemanagten Aktienfonds) oder ob – eher zufällig – nur das letzte Geschäftsjahr besonders gut abgeschlossen wurde.

### Zinssatz und Rendite können nicht miteinander verglichen werden

Wenn wir vom Ertrag der festverzinslichen Wertpapiere sprechen, dann ist immer von garantierten Zinsen die Rede. Das ist auch richtig. Denn auf dem Wertpapier als effektives Stück steht deutlich angegeben der Zinssatz. Über die Rendite sagt das aber noch nicht alles aus. Denn wer sich so ein Papier kaufen will, der muss dafür den Kurswert bezahlen.

*Zinsniveau am Markt bestimmt den Kurswert*

Und der richtet sich nach dem augenblicklichen Zinsniveau am Geldmarkt: In Zeiten hoher Zinsen werden Papiere mit niedrigem garantierten Zins zu niedrigen Kurswerten gehandelt – man bekommt sie also für weniger als den aufgedruckten Nennwert. In Zeiten niedriger Zinsen werden Papiere mit hohem garantierten Zinssatz auch zu hohen Kursen gehandelt – man muss also mehr bezahlen, als das Papier bei der Rückzahlung überhaupt wert ist, um von den hohen Zinsen profitieren zu können.

*Beispiel: Wer in einer Zeit besonders niedriger Zinsen ein Wertpapier mit einem Nennwert von 100,– DM und einer Verzinsung von acht Prozent kaufen will, muss dafür nicht 100,– DM, sondern (abhängig von der Laufzeit) vielleicht sogar als Kurswert 111,– DM bezahlen. Von den bis zum Ende der Laufzeit noch zu kassierenden Zinserträgen muss also die Mehrausgabe wegen des über 100 liegenden Kurswertes abgezogen werden. Es ist also gar nicht möglich, eine Verzinsung von acht Prozent wirklich einzustecken – denn pro Jahr gibt es für jedes Wertpapier mit 100,– DM Nennwert schließlich nur acht DM Zinsen. Weil aber der Kursauf-*

*schlag für dasselbe Papier schon elf DM betrug, hat sein Besitzer nach einem Jahr noch einen Verlust von drei DM gemacht. Erst bei der nächsten Zinszahlung bleibt für ihn wirklich etwas hängen – aber auch noch keine acht Prozent oder DM, denn er muss zunächst den Rest des anfangs gezahlten Kursaufschlages abziehen.*

Garantierter Zins ist nicht gleich Rendite

In Zeiten hoher Zinsen dagegen werden die Kurswerte für niedrig verzinste Anlagen deutlich unter 100 liegen. Die mageren Zinserträge erhöhen sich dann also um den Betrag, den man beim Kauf gegenüber dem Nennwert des Papiers gespart hat.

**Erst nach der Rendite fragen – dann kaufen**

Spätestens jetzt wird klar, warum es überhaupt keinen Aussagewert hat, wenn der Berater in der Bank oder Sparkasse von einem »schönen Neunprozenter« redet, den er anzubieten hat. Zunächst einmal muss die Rendite erfragt werden. Für die Leute bei den Banken und Sparkassen ist das ein Knopfdruck auf den Computerterminal: Sekundenschnell lassen sich verfügbare Papiere und Renditen abfragen.

Ausrechnen kann man sich die Rendite aber auch selbst – es funktioniert mit dem billigsten Taschenrechner und dauert nur ein wenig länger. Gegenüber den Renditeangaben der Bank oder Sparkasse werden sich zwar geringfügige Veränderungen bei den Zahlen hintern Komma ergeben. (Denn bei unserer relativ einfachen Formel wird die Restlaufzeit des Wertpapiers nur in Jahren berücksichtigt. Die Computerberechnung berücksichtigt aber auch die Tage bis zur nächsten Zinszahlung.) Doch das Nachrechnen lohnt sich, so können Sie selbst die Rendite der Geldanlage überprüfen.

**Formel für die Renditeberechnung nach Kursangaben**

$$\frac{100 - \text{Kurswert des Papiers}}{\text{Restlaufzeit in Jahren}} + \frac{100 \times \text{Garantiezins (Nominalzins)}}{\text{Kurswert des Papiers}} = \text{Rendite in \%}$$

Für ein Rechenbeispiel nehmen wir die folgende, beliebig aus dem Börsenteil einer Tageszeitung herausgegriffene Kursnotierung:

8% – 2002 Frankf. Hypo Pfandbr. 111,95

Es handelt sich also um einen Pfandbrief der Frankfurter Hypothekenbank, für den bis zum Ende seiner Laufzeit (hier das Jahr 2007) ein Zinssatz von acht Prozent kassiert werden

**Rendite selbst ausrechnen**

kann, wenn man das Papier zum Kurswert von 111,95 DM erwirbt. Daraus ist bereits erkennbar, dass es sich um ein Angebot während einer Niedrigzinsphase handelt – um höhere Zinsen zu kassieren, ist ein gewaltiger Kursaufschlag zu bezahlen. Die Berechnung der Rendite sieht so aus:

$$\frac{100 - 111,95}{8} + \frac{100 \times 8}{111,95} = 5,65\,\%$$

Diese echte Rendite, in die Garantiezins, Laufzeit und Kurswert einfließen, wird regelmäßig für alle an der Börse gehandelten festverzinslichen Wertpapiere ermittelt. Das Ergebnis ist dann die so genannte Umlaufrendite, die man sich tagesaktuell von jeder Bank oder Sparkasse nennen lassen kann. Wer beurteilen will, ob das ihm angebotene festverzinsliche Wertpapier gute oder schlechte Erträge bringt, darf also niemals nur auf den garantierten Zinssatz schauen, sondern muss die Rendite des jeweiligen Papiers mit der Umlaufrendite vergleichen. Eine besonders hohe Rendite bringen nur die Anlagen mit ebenfalls hohen Risiken. Doch das hohe Risiko sollte nicht jeder auf sich nehmen.

**Geringe Spekulation bei kleinem Einkommen**

**Achtung:** Spekulative Anlagen locken zwar mit hohen Renditen, doch das Risiko, mit ihnen »baden« zu gehen, ist ebenfalls hoch. Mögliche Verluste können bei einem geringeren Einkommen nicht verkraftet werden, was böse Konsequenzen haben könnte.

Eine gute Rendite lässt sich auch mit sichereren Anlagen erzielen. Und eine Rendite gilt dann als ordentlich, wenn sie sich über Jahre hinweg zwischen sieben und zehn Prozent bewegt. Zu diesen sicheren und gut rentablen Anlagen gehören:

| Sichere und rentable Anlagen |
|---|
| **Aktienfonds**<br>Sie zählen als sicher und rentabel, wenn sie über lange Zeiträume laufen und gut gestreut sind. |
| **Festverzinsliche Anlagen**<br>Dazu zählen zum Beispiel Sparbriefe, Festzins-Wertpapiere. |
| **Sachwertanlagen**<br>Dazu zählen Immobilien oder offene Immobilienfonds. |

Jeder Anleger hat sein persönliches Anlagerisiko, das sich nach seiner Lebenssituation richtet. Generell gilt, dass Sie bei einer sehr spekulativen Anlage nicht auf das eingesetzte Kapital zu einem bestimmten Zeitpunkt angewiesen sein dürfen. Sind beispielsweise im Oktober erhebliche Kurseinbrüche an der Börse zu beobachten und Sie müssen verkaufen, weil Sie Ihr Geld im November dringend benotigen, stehen Sie vor einem Dilemma.

*Risikoreiche Anlagen brauchen Zeit*

## DIESE ANLAGEFORMEN GIBT ES

Anlagemöglichkeiten lassen sich grundsätzlich nach ihren Risiken unterscheiden. Damit Sie einen groben Überblick über die verschiedenen Anlageformen erhalten, stellen wir sie Ihnen kurz vor – mit einer Beurteilung nach den Kriterien der Sicherheit und Rendite.

### Wertpapiere

Für Anleger, die auf einen gesicherten und regelmäßigen Ertrag Wert legen, sind in erster Linie festverzinsliche Wertpapiere (Renten) von Interesse. Für diese Papiere gibt es zu festgelegten Zahlungsterminen einen festen Zinssatz. Die Zinsen werden bezahlt, unabhängig davon, ob der Schuldner – der Emittent – einen Gewinn erzielt hat. Am Ende der vorher festgelegten Laufzeit wird der auf der Urkunde aufgedruckte Nennbetrag zurückgezahlt. Festverzinsliche Wertpapiere lassen sich in drei Gruppen einteilen.

## Die Familie der Wertpapiere

**Festverzinsliche Wertpapiere ohne Kursbewegungen**
d. h. ohne ein Kursrisiko
(Bundesschatzbriefe, Finanzierungsschätze)

**Festverzinsliche Wertpapiere mit Kursbewegungen**
d. h. mit einem Kursrisiko
(Bundesanleihen, Bundesobligationen)

**Festverzinsliche Wertpapiere mit besonderer Ausstattung**
(Wandelanleihen, Optionsanleihen, Nullkuponanleihen –
Zero-Bonds, Floater, Genussscheine)

**Fester Zinssatz und Nennwert**

Bei allen Papieren ist das Grundprinzip gleich: Der Käufer gibt dem Schuldner einen Kredit, und dieser verpflichtet sich, diesen Kredit nach einer genau festgelegten Laufzeit wieder in voller Höhe zurückzuzahlen. Als Gegenleistung erhält der Käufer einen bestimmten Zins, der sich genau kalkulieren lässt und der zu einem bestimmten Zinstermin (meist jährlich) ausbezahlt wird. Nach Ablauf der Anlagezeit bekommt der Sparer sein eingesetztes Kapital in voller Höhe (Nennwert) zurück. Mit dem Erwerb solcher Papiere wird der Anleger quasi selbst zu einem Kreditgeber. Denn festverzinsliche Wertpapiere werden von öffentlichen Schuldnern (Bundesländer, Nationalstaaten), von Geldinstituten oder von Firmen herausgegeben. Sie leihen sich auf diese Weise Geld – und garantieren mit ihrem gesamten Besitz und Vermögen für die Zahlung der Zinsen und die Rückzahlung des angelegten Kapitals.
Die Beurteilung von Wertpapieren wird nach unterschiedlichen Kriterien vorgenommen.

| Checkliste: Beurteilungskriterien von Wertpapieren | |
|---|---|
| **Die Laufzeit** | Das ist die Zeit, in der Zinsausschüttungen regelmäßig und gleichbleibend bis zur Rückzahlung des Kapitals erfolgen. |
| **Die Mindestanlagesumme** | Setzen Sie sich immer nur eine gewisse Summe, die Sie in die Papiere investieren. Denn wer sich mit größeren Beträgen für eine längere Zeit bindet, ohne aussteigen zu können, geht ein Risiko ein. Steigen nämlich die Zinsen, könnten Sie mit einem weiteren kleinen Betrag neu einsteigen. |
| **Die Qualität des Schuldners** | Prüfen Sie, welche Papiere Sie kaufen. Denn bei Industrieunternehmen oder instabilen Nationalstaaten bleibt immer ein höheres Restrisiko. |
| **Die Höhe der Rendite** | Das ist die für die gesamte Laufzeit garantierte Zinszahlung. Der Ertrag ist abhängig von der Dauer der garantierten Zinszahlungen und von der Möglichkeit, die Papiere vorher zurückzugeben. |

Diese Unterschiede werden schnell deutlich, wenn man verschiedene Festgeldanlagen miteinander vergleicht – achten Sie mal auf die unterschiedliche Renditen, Laufzeiten und Ausstiegsmöglichkeiten.

Als größtes Risiko sind eventuelle Kursverluste anzusehen. Aber die treten nur bei vorzeitigem Verkauf ein. Das beste Geschäft lässt sich immer mit einem hoch verzinsten und neu aufgelegten Papier machen, bei dem bis zum Laufzeitende durchgehalten wird.

Festgeldanlage

Wer dagegen ein gebrauchtes Papier zu einem niedrigen Zins mit langer Laufzeit kauft, riskiert bei steigenden Zinsen am Geldmarkt und vorzeitigem Ausstieg aus der Anlage deutliche Verluste.

Trotz dieses unter bestimmten Umständen eintretenden Kursrisikos sind jedoch die festverzinslichen Papiere als sehr sichere Anlage zu bewerten, denn der Herausgeber (Emittent) eines solchen Papiers steht jeweils mit seinem gesamten Vermögen für die Sicherheit des angelegten Kapitals und für die Zinszahlungen.

So ist die Sicherheit der Papiere des Staates, der Bahn, der Post und die der Geldinstitute garantiert, ungeachtet der jeweiligen Wirtschaftslage oder der vielleicht sich ändernden Unternehmensergebnisse.

**Pfandbriefe** Pfandbriefe sind abgesichert durch verpfändete Häuser und Grundstücke. Hintergrund: Wer einen Kredit von einer Hypothekenbank aufnehmen will, muss zur Absicherung eine Grundbucheintragung vornehmen.

Die Geldbeschaffung (Refinanzierung) für solche Kredite nehmen Hypothekenbanken dann z. B. über die Ausgabe von käuflichen Pfandbriefen vor – und weisen über die zu ihren Gunsten eingetragenen Grundbuchsicherheiten den entsprechenden Gegenwert nach. Sicherer kann eine Geldanlage kaum sein.

Papiere von Unternehmen werden über Geldinstitute an die Börsen gebracht. Und als Herausgeber solcher Papiere tauchen fast nur erste Wirtschaftsadressen auf. Denn von den Instituten wird sehr sorgfältig geprüft, wie es um die Lage des Schuldners bestellt ist.

Papiere ausländischer Staaten und Unternehmen werden für den Handel an deutschen Börsen ebenfalls von den Geldinstituten geprüft. Das schützt natürlich nicht vor dem Risiko eines Staatsbankrotts oder dem Konkurs eines multinationalen Unternehmens.

**Währungs-** Auf fremde Währungen lautende Papiere sind unter »Wäh-
**anleihen** rungsanleihen« bekannt. Hier besteht aber auch bei sicheren Schuldnern die Gefahr, durch Wechselkursverluste Geld zu verlieren. Es handelt sich also um Spekulationspapiere – und ob die Rechnung am Ende aufgeht, hängt in jedem Einzelfall von der Seriosität des Schuldners (also eines Landes oder Unternehmens) und vom internationalen Geldmarktgefüge ab. Unter dem Aspekt der Sicherheit ist von Währungsanleihen eher abzuraten.

## Zu den festverzinslichen Wertpapieren mit besonderer Ausstattung zählen:

### a) Wandel- und Optionsanleihen

Bei diesen Scheinen handelt es sich um eine besondere Form von festverzinslichen Wertpapieren. Verbunden mit ihrem Besitz ist nämlich das Recht, zu einem vorher festgelegten Zeitpunkt Wertpapiere zu kaufen (mit dem zur Optionsanleihe gehörigen Optionsschein) oder auch die Anleihe gegen einen Aufpreis in eine Aktie umzuwandeln (Wandelanleihe). Anders als bei den Aktien hat der Käufer also

● Die Möglichkeit, von den jährlichen festen Zinserträgen seines Papiers zu profitieren, und

● Die Chance, auf steigende Kurse zu spekulieren und davon ähnlich wie bei der Aktie zu profitieren

Wer damit Geschäfte machen will, muss also gar keine Optionen ausüben oder den Wandel vornehmen – er könnte also bei steigenden Kursen auch wieder verkaufen – und nimmt dann Zinsausschüttungen und Kursgewinne mit.

Ein Risiko ist aber trotzdem damit verbunden. Wenn die Scheine zu über dem Nennwert liegenden Preisen gekauft wurden und die Kurse fallen, ist die Differenz verloren. Und wer die Papiere zwischenzeitlich an der Börse abstoßen will, ist von der Aktienkursentwicklung und den Geldmarktzinsen abhängig. Immerhin riskiert man aber wegen des in jedem Fall erhalten bleibenden Nennwertes der Papiere keinen Totalverlust.

*Nennwert bleibt erhalten*

### b) Zero-Bonds (Nullkupon-Anleihen)

Bei diesen Wertpapieren gibt es während der gesamten Laufzeit (manchmal 30 Jahre) keine Zinszahlungen (deshalb haben diese Papiere »null Kupons«). Aber zum Laufzeitende wird der von Anfang an garantierte Rücknahmepreis quasi als Nennwert ausgezahlt. Weil die Kaufpreise manchmal nur die Hälfte des Nennwertes ausmachen, sich das eingesetzte Kapital also verdoppeln kann, ergibt sich der Gewinn allein aus der Differenz zwischen Kaufpreis und Nennwert. Der Ertrag, der dann am Ende herauskommt, entspricht etwa

*Differenz zwischen Kaufpreis und Nennwert*

dem von festverzinslichen Wertpapieren. Dieses Anlageprinzip kann zwar aus steuerlichen Gründen sinnvoll sein – aber nicht für Normalverdiener. Fehlende Ausschüttungen bei langen Laufzeiten und Kursverluste bei zwischenzeitlichem Verkauf sprechen dagegen.

### c) Floater

*Langfristige Anlage*

Bei diesen so genannten »Floatern« (Gleitzinsanleihen) mit Laufzeiten bis zu sieben Jahren werden die Zinsen ständig an die aktuelle Marktsituation angepasst. Das eingesetzte Kapital (Einstiegspreise ab 10.000,– DM) kann zwar nicht verloren gehen, aber nur bei langfristiger Anlage und Kauf in Niedrigzinsphasen sind etwas höhere Renditen als bei festverzinslichen Wertpapieren zu erzielen. Ausgegeben werden die Papiere von Geldinstituten oder vom Bund, ge- und verkauft werden können sie jederzeit. Aber wer beim Verkauf gerade ein Kursloch erwischt, der muss mit Zinsen wie auf dem Sparbuch zufrieden sein. Wirklich lohnend sind solche Papiere nur für den, der über lange Zeiträume erhebliche Mittel unterbringen will.

### d) Genussscheine

*Keine regelmäßigen Erträge*

Der Genussschein ist eine Mischung aus Festzins-Wertpapier und Aktie, allerdings ohne regelmäßige Erträge. Denn bei den Genussscheinen weiß man vorher nie, ob es eine jährliche Ausschüttung gibt oder nicht. Das hängt vom Unternehmensgewinn ab.

Macht das Unternehmen Gewinne, werden durchschnittlich zwischen sieben und zehn Prozent des Wertes eines Scheines (ab 100,– DM) als Rendite gezahlt. Macht das Unternehmen allerdings Verluste, gibt es kein Geld. Und je nach Unternehmenslage steigen oder fallen die Kurse für die entsprechenden Genussscheine.

Verbraucherberater empfehlen, dass Normalverdiener sich besser nicht auf diese Anlageform einlassen sollten. Wer es aber riskieren will, sollte langfristig nur auf Bank- oder Industriewerte mit erstklassigen Namen setzen.

174

## Sparbriefe

Sie sind eine spezielle Form festverzinslicher Wertpapiere. Der Kauf ist nur dann sinnvoll, wenn es als sicher anzunehmen ist, dass die angelegten Beträge während der Laufzeit (ab vier Jahre) nicht benötigt werden. Denn innerhalb der Laufzeit ist nur eine Beleihung des Papiers möglich, kein Verkauf wie bei anderen Festzins-Werten. Dadurch entfällt aber auch das Kursrisiko. Der aufgedruckte Zinssatz und die Rückzahlung der Anlage zum vollen Nennwert sind garantiert. Kein Verkauf möglich

Wie gut die Geschäfte mit Sparbriefen sind, hängt vom Zinsgefüge zum Kaufzeitpunkt und von der Laufzeit ab:

- In Niedrigzinsphasen sollten die kürzesten Laufzeiten gewählt werden. Sonst ist man bei wieder steigenden Zinsen wegen mangelnder Ausstiegsmöglichkeit zu lange an die schlechteren Konditionen gebunden.
- In Hochzinsphasen, wenn für Sparbriefe um oder über acht Prozent Zinsen gezahlt werden, sollten lange Laufzeiten gewählt werden.

Allerdings sollte die Rendite des Sparbriefs immer mit der von anderen Festzins-Anlagen verglichen werden. Wenn beim Sparbrief nur unwesentlich mehr herauskommt, sind andere Anlagen vorzuziehen, bei denen man schneller aus der Anlage aussteigen (und bei steigenden Zinsen auf solche mit besserer Rendite umsteigen) kann.

## Investmentfonds

Mit einer Investition in einen Investmentfonds wird man Anteilseigner eines Fonds, der vom Geld der Anleger Aktien, Wertpapiere oder Immobilien kauft und dessen Manager versuchen, damit möglichst hohe Renditen herauszuholen. Je nachdem, was die Fondsgesellschaften vom Geld der Anleger kaufen, handelt es sich um Fondsgesellschaften

- Aktienfonds
- Rentenfonds (festverzinsliche, also verrentete Wertpapiere) oder
- Immobilienfonds

175

Dazu gibt es gemischte Fonds – sie enthalten sowohl Aktien-, Renten- als auch Immobilienfonds. Dabei ist jeder Fonds anders gewichtet, welcher Anlageschwerpunkt jeweils gewählt wird, ist einem zum jeweiligen Fonds gehörigen Prospekt zu entnehmen.

Investmentfonds haben den Vorteil, dass sich der Anleger nicht mit dem aktuellen Börsengeschehen befassen muss, er mit seiner Geldanlage praktisch keine Arbeit hat. Denn das erledigen die Investmentgesellschaften, meist Tochterfirmen von großen Banken. Da spekulieren also Profis mit Ihrem Geld, die etwas vom Geschäft verstehen sollten. Und das bringt bei Aktienfonds durchschnittlich acht Prozent Rendite pro Jahr. Mal mehr, mal weniger. Aber das darf den Anleger nicht stören, denn Fonds sind immer eine Anlage über längere Zeiträume, alles unter fünf Jahren wäre unvernünftig. Auf lange Sicht gleichen sich auch kurzfristige Kursverluste aus. Einziger Haken: Man darf bei dieser Anlage nicht wegen Geldnot zum Ausstieg gezwungen sein, wenn die Rücknahmepreise gerade im Keller sitzen.

*Profis spekulieren für den Kunden*

### Expertentipp

Auch wenn für manche Fonds mit monatlichen Erfolgen geworben wird – das ist unseriös, weil alle Fondsanlagen zumindest als mittelfristige Anlage zu sehen sind. Wer kurzfristig auf Fonds setzt, riskiert schon wegen der Ausgabeaufschläge (Differenz zwischen Verkaufs- und Rücknahmepreis) unnötig Verluste.

*Kurzfristig nicht auf Fonds setzen*

Fonds sind kein Spekulationspapier – aufschlussreich können Wertentwicklungen nur über mindestens drei Jahre sein.

### Offene und geschlossene Immobilienfonds

Immobilienfonds sind eine besondere Form von Investmentfonds. Das Prinzip der Geldanlage entspricht aber dem aller anderen Investmentfonds. Die Anteilscheine gibt es – je nach Fonds – schon zu Preisen unter 100,– DM. Und schon mit einem einzigen Fondsanteil ist man dann Miteigentümer des gesamten Immobilienvermögens. Auch wenn dem Anleger pro Anteilschein nur ein paar Mauersteine oder Klingelknöpfe gehören. Die Fondsmanager haben nun die Aufgabe, das Geld der Anteilseigner möglichst Gewinn bringend in Immobilien anzulegen. Wenn sie dabei geschickt verfahren, die Immobilienpreise steigen, Häuser zu guten Preisen weiterverkauft oder die Mieten erhöht werden können, steigert sich auch das Fondsvermögen – und damit der Wert eines jeden Anteils.

Die *offenen Immobilienfonds* werden von Investmentunternehmen aufgelegt, bei denen es sich meist um dieselben Töchter von Banken oder Versicherungen handelt, die auch hinter Aktienfonds stehen. Die Fondsgesellschaften kaufen Büro- oder Wohnhäuser, Grundstücke, Einkaufs- oder Freizeitzentren. Bezahlt wird mit dem Geld, das sie für den Verkauf ihrer Fondsanteile von den Anlegern bekommen.

**Grundvermögen umfasst viele Objekte**

Am Immobilienboom kann man dann bereits mit sehr geringem Einsatz verdienen, vorausgesetzt, die Immobilienpreise steigen, Häuser werden zu guten Preisen weiterverkauft oder die Mieten können erhöht werden. Denn damit steigen das Fondsvermögen und der Wert eines jeden Anteils. Fondsanteile von offenen Immobilienfonds können jederzeit ge- und verkauft werden. Allerdings liegt dieser Rücknahmepreis immer etwas niedriger als der Ausgabepreis des Anteils. Die minimale Zeitspanne für offene Immobilienfonds sollte fünf, besser zehn Jahre betragen.

Bei *geschlossenen Immobilienfonds* ist alles möglich: vom Totalverlust bis hin zu riesigen Gewinnen. Im Gegensatz zu den offenen Immobilienfonds handelt es sich bei den geschlossenen Fonds oft nur um ein einziges Projekt. Somit ist das Risiko, dass beispielsweise die Rechnung mit den Baukosten und den Mieteinnahmen nicht aufgeht, bei einem geschlossenen um ein Vielfaches höher als bei den offenen Fonds, zu deren Grundvermögen manchmal 100 Objekte gehören. Die Beteiligung an einem geschlossenen Immobilienfonds ist immer eine langfristige Anlage, die Sie weder

**Nur ein Immobilienobjekt**

## Checkliste: Fußangeln bei Immobilienfonds

► Eigentumsverhältnisse sind nicht geklärt
► Zu hoher Kaufpreis, Kaufpreisfaktor, schlechte Rendite
► Schlechter Standort, falsche Ausstattung
► Wertzuwachs ist falsch, zu hoch angesetzt
► Mieteinnahmen sind zu hoch kalkuliert
► Verteuerungen in der Bauphase schlagen durch
► Leasingfonds-Rücknahmepreis fand keine Berücksichtigung
► Anstehende Modernisierungen wurden nicht mit Altmietern abgeklärt
► Sanierungskosten wurden falsch kalkuliert
► Zinsentwicklung für Anteilsfinanzierung wurde falsch erwartet

schnell veräußern können noch dürfen. Darüber hinaus werden geschlossene Immobilienfonds nicht von staatlicher Seite geprüft, das Bundesaufsichtsamt ist dafür nicht zuständig. Erst wenn alle Anteile verkauft sind, ist der Fonds geschlossen. Vorher wird das Objekt nicht realisiert. Natürlich gibt es auch den Fall, dass der Fonds nicht geschlossen werden kann, nicht genug Interessenten da sind. Deshalb ist es sehr wichtig, die Möglichkeit einer Rückabwicklung aller Beteiligungen zu garantieren, die mit keinerlei Kosten verbunden ist und den Zeichner des zurückzugebenden Anteils so stellt, als wäre nie etwas gewesen.

*Keine Prüfung von staatlicher Seite*

Von geschlossenen Immobilienfonds ist abzuraten, denn zu schnell können Fehler gemacht werden, die später teuer bezahlt werden müssen.

### Expertentipp

Verlangen Sie immer den ausführlichen Verkaufsprospekt zum Fonds. Nur wenn Sie den haben und Sie später nachweisen können, dass die dort gemachten Angaben nicht richtig waren, können Sie sich mit Hilfe der Gerichte Verluste zurückholen.

Seien Sie also äußerst kritisch, wenn Sie Immobilienfonds als Anlagemöglichkeit in Betracht ziehen.

### Fonds-Sparpläne

Bei einem Fonds-Sparplan wird (meistens monatlich) ein fester Betrag in Fondsanteile investiert. Bei niedrigen Kursen werden dann vergleichsweise viele, bei hohen Kursen vergleichsweise wenige Anteile erworben. Über Zeiträume von zehn und mehr Jahren gleichen sich dadurch hohe und tiefe Kurse weitgehend aus. Die Sparpläne werden von allen Banken und Sparkassen angeboten, auch die meisten Investmentgesellschaften bieten den monatlichen Kauf von Anteilen für immer dieselbe Summe per Bankeinzug an.

*Monatlicher Kauf*

### Spargeld

Sparverträge wie Sparbücher, Tages- oder Festgeldkonten, Sparbriefe, Ratensparverträge oder Bausparverträge sind ebenso wie die Anlage in Wertpapiere eine äußerst sichere Anlageform. Mit ihnen kann auch der absolut risikoscheue Anleger Zinsen kassieren.

Mit der Währungsunion haben sich allerdings bestimmte Zinssätze für Sparverträge geändert, es gibt keine Verzinsung mehr nach dem Diskont- und Fiborsatz.

Die Zinssätze Diskont- und Fiborsatz werden durch neue Orientierungsmarken ersetzt. Als Ersatz für den Diskont gibt es – vorübergehend – den Basiszins der Europäischen Zentralbank, statt Fibor-Satz wird nun nach dem Euribor verzinst. Der Euribor ist der Zins, den führende Banken im Euro-Land für kurzfristige Anlagen zahlen. Somit besteht Anpassungsbedarf für alle Sparverträge, die noch an diese Zinssätze gekoppelt sind.

*Euribor*

### Sparbuch

Für Banken und Sparkassen gibt es kein besseres Geschäft als das mit den Sparbüchern. Die Institute zahlen maximal bis zu drei Prozent, oft jedoch nur 1,5 Prozent, und verleihen das Geld gegen erhebliche Zuschläge als Kredit weiter.

Auf dem Sparbuch sollten deshalb nur bis zu 2.000,– DM liegen. Die von den Banken und Sparkassen so oft angeführte »Notlage«, für die man dort mehr Geld parken soll, halten wir für ein Märchen, mit dem man sich gute Geschäfte retten will. Überlegen Sie doch mal selbst: Wie oft haben Sie in der Vergangenheit von einer Stunde zur anderen unbedingt 5.000,– DM gebraucht?

## Anlagesparbücher

Diese Angebote werden als Anlage- oder Hochzins-Sparbücher empfohlen. Wer auf diesen Sparbüchern Beträge (zum Teil ab 2.000,– DM, üblich ab 5.000,– DM) für längere Zeit (mindestens sechs Monate) parkt, wird denn auch tatsächlich mit deutlich höheren Zinsen als auf dem normalen Sparbuch belohnt.

*Höhere Zinsen als beim Sparbuch*

Aber: Auch diese Zinsen liegen noch um ein bis zwei Prozent unter denen für Festgeld oder Sparbriefe.

Ein zweiter Nachteil: Ist die vereinbarte Anlagezeit abgelaufen, kann nicht das ganze Geld auf einen Schlag vom Sparbuch abgehoben werden – entweder muss rechtzeitig vorher gekündigt werden, oder es sind Strafzinsen zu bezahlen. Also: Von Sparbüchern in jeder Form ist abzuraten.

## Sparpläne und -verträge

Hier werden während der vereinbarten Laufzeit von maximal 25 Jahren die monatlichen Einzahlungen gleich vom Konto abgebucht. Doch der Lohn für das regelmäßige Sparen ist mager: Die Rendite liegt zum Teil um mehr als drei Prozent unter der für absolut sichere Bundeswertpapiere.

*Regelmäßiges Sparen*

Hinzu kommen weitere Fallstricke: Wer vorzeitig aus dem Vertrag aussteigen möchte, verliert die Prämien und muss sich allein mit den vergleichsweise niedrigen Zinsen begnügen. Die liegen oft nur knapp über dem Ertrag von Sparbüchern. Und wenn das Geld vorzeitig ausgezahlt werden soll, ziehen manche Institute auch noch Straf- oder Vorschusszinsen ab.

Auch keine Superzinsen, aber kundenfreundliche Konditionen bieten einige Kreditinstitue mit Verträgen, bei denen

nicht erst zum Vertragsende ein ordentlicher Bonus hinzu-
kommt, sondern auf das Kapital jährlich eine zum Vertragsende hin immer weiter steigende Prämie gezahlt wird. Wer
vor der Höchstlaufzeit (25 Jahre) aussteigen will, kann (mit
dreimonatiger Frist) kündigen und Kapital, Zinsen sowie Prämien ohne Abzüge mitnehmen.

## Gold

Die glorreichen Zeiten des Goldes als Krisenmetall scheinen
vorbei. Zwar werden staatliche Goldreserven auch heute
noch als Stütze der Währungen angesehen. Und so ganz hat
das Gold seine Rolle als heimliches Weltzahlungsmittel tatsächlich noch nicht verloren. Für den privaten Anleger aber
kann Gold schon lange nicht mehr als wertbeständige Anlage dienen. Denn am Weltmarkt gibt es seit geraumer Zeit
keine Anzeichen mehr für einen kräftigen Preisanstieg. Im
Gegenteil: Einige Notenbanken warten wohl nur auf steigende Preise, um Teile ihres Gesamtvorrats von 35.000 Ton-
nen (15-fache Weltjahresproduktion) abzustoßen – für Anleger ein großer Risikofaktor. Gold ist zum Spekulationsobjekt
geworden – ohne jede Garantie für Wertbeständigkeit und
mögliche Gewinne.

*Spekulations-objekt ohne garantierte Wertbestän-digkeit*

Wer sich ungeachtet dessen Gold am Bankschalter kaufen
will, muss den Verkaufsaufschlag beachten: Um die Differenz
zwischen Abgabe- und Rücknahmepreisen am Sparkassen-
oder Bankschalter herauszuholen, müsste man zunächst mal
einen Kursgewinn um mindestens vier bis zehn Prozent bei
Goldbarren und Münzen erzielen, bei außer Kurs gesetzten
Münzen sogar um 20 bis 30 Prozent.

## Bausparen

Im Vergleich zu anderen Geldanlagen erscheinen regelmäßige Einzahlungen auf einen Bausparvertrag zwar wenig sinnvoll. Der Ertrag ist nämlich lächerlich gering. Wer aber ein
niedriges bis durchschnittliches Einkommen hat und sich mit
Kauf- oder Bauplänen eventuell auch erst in einigen Jahren
trägt, für den ist der Bausparvertrag sinnvoll.

▶ Bei Abschluss eines Vertrages erwirbt man den Anspruch auf ein zinsgünstiges Darlehen zu Konditionen, die sich während der gesamten späteren Laufzeit nicht verändern.

▶ Die Belastung bei der späteren Baufinanzierung ist nach Auszahlung des Bauspardarlehens für die gesamte Laufzeit genau zu überschauen.

▶ Bausparer werden mit staatlichen Prämien belohnt.

▶ Das spätere Darlehen von der Bausparkasse wird wesentlich schneller zurückgezahlt als ein normales Annuitätendarlehen. Der Bausparer ist schneller schuldenfrei.

**Prinzip des Bausparens** Um alle Vorteile ausnutzen zu können, muss man sich zunächst einmal das Prinzip des Bausparens genau anschauen. Das System des Bausparens basiert auf drei Stufen:

*1. Stufe:*
Nach Abschluss des Vertrages beginnt die Sparphase. Das Bausparguthaben wird angesammelt und mit einem mageren Satz verzinst. Je nach Bausparkasse und Tarif liegen die Guthabenzinsen in der Sparphase zwischen 2,5 und 4 Prozent.

*2. Stufe:*
Sobald Sparguthaben, Zinsen und eventuelle Prämien einen Satz von 40 bis 50 Prozent der Vertragssumme (hängt vom Tarif ab) erreicht haben, beginnt die Zuteilungsphase. Man kann das Darlehen beantragen und bekommt es, wenn eine festgelegte Mindestvertragsdauer eingehalten wurde. Deshalb kommt auch, wer heute einen Vertrag abschließt und sofort die gesamte Mindestansparsumme einzahlt, nicht morgen schon in den Genuß des billigen Darlehens. Das Geld muss vor der Zuteilung des Darlehens – je nach Vertrag und Bausparkasse – zwischen 25 und 51 Monaten auf dem Konto ruhen (zu dem genannten mageren Zinssatz). Die Höhe des Guthabens und die Vertragsdauer werden in einer Bewertungszahl ausgedrückt. Stimmt die persönliche Bewertungszahl mit der Zielbewertungszahl überein, kann die Zuteilung des Darlehens erfolgen. Wer sich die beiden Zahlen von seiner Bausparkasse nennen lässt, kann also ungefähr abschätzen, wann er in den Genuss des Darlehens kommt.

*3. Stufe:*

Mit der Auszahlung des Geldes beginnt die Darlehensphase, in der die Schuldzinsen um zwei Prozent über den in der Sparphase angerechneten Guthabenzinsen liegen. Je nach Tarif betragen sie also zwischen 4,5 und 6 Prozent. Außerdem wird in feste Monatsraten eine Tilgung eingerechnet, die je nach Vertrag monatlich vier bis zehn Promille der Darlehenssumme beträgt. Üblicherweise kann deshalb ein Bauspardarlehen innerhalb von 7 bis 15 Jahren zurückgezahlt sein.

**Vorsicht: Auf den richtigen Vertrag kommt es an**

Wenn wir an früherer Stelle (siehe Seite 101 f.) von den Fallen beim Bausparen gesprochen haben, dann lauern die ersten schon beim Vertragsabschluss. Denn manche Berater der Bausparkassen verdienen diesen Titel nicht. Sie benehmen sich eher wie Vertreter, denen es nur auf die hohe Abschlussprovision für einen Vertrag anzukommen scheint. Beachten Sie deshalb immer diese Grundregeln:

▶ Eine niedrigere Vertragssumme ist immer vorteilhafter als eine zu hohe. Es ist besser, die Vertragssumme später anzuheben, als gleich eine hohe Summe abzuschließen.

▶ Soll die Vertragssumme später gesenkt werden, um eine schnellere Zuteilung zu erreichen, wird die anfangs gezahlte Abschlussgebühr (liegt zwischen 1 und 1,6 Prozent der Vertragssumme) nicht anteilig erstattet. Besser ist bei größerem Finanzbedarf oder zuteilungsreifem, aber noch nicht benötigtem Vertrag die nachträgliche Erhöhung: Eine Abschlussgebühr muss nur für den aufgestockten Betrag nachgezahlt werden. *(Nachträgliche Erhöhung)*

▶ Je höher die Vertragssumme, desto länger muss auf die Zuteilung gewartet werden

▶ Bei langen Sparphasen werden erhebliche Geldbeträge zu vergleichsweise schlechten Zinsen festgelegt. Deshalb Bauspartarife wählen, bei denen die Zuteilung nach Einzahlung von 40 Prozent der Vertragssumme erfolgen kann. *(Kurze Wartezeit)*

Unterm Strich ergibt sich bei Mitnahme aller Vorteile für den Bausparer eine ganz ordentliche Verzinsung von rund sechs Prozent. Als Bonus hat man hier den Anspruch auf ein günstiges Darlehen. Und deshalb ist der Bausparvertrag eine gute Anlage – wenn man bauen will. Wer keine Kauf- oder Baupläne hat, zu geringe Einzahlungen leistet oder ein zu hohes Einkommen hat, sollte sich lieber für andere Anlagen entscheiden.

## Festgeld (Termingeld)

Wer einen Mittelweg zwischen der Sicherheit einer Geldanlage auf dem Sparbuch, einer schnellen Verfügbarkeit des angelegten Kapitals und halbwegs vernünftigen Zinsen sucht, sollte sich bei verschiedenen Kreditinstituten nach den Möglichkeiten einer Festgeldanlage erkundigen. Die Mindestanlagezeit liegt bei einem Monat, als Mindestbetrag verlangen die meisten Institute 5.000,– bis 10.000,– DM, als Zinsen gibt es bei sechsmonatigen Anlagen etwa den doppelten Satz des Sparbuch-Zinses. Mit dieser Anlage ist keinerlei Risiko verbunden – es sei denn, man legt sein Geld in ausländischer Währung an. Das geht zwar, ist aber nicht sehr empfehlenswert, denn dann wird auch das Festgeld-Konto zu einer Spekulation mit Verlustrisiko.

Kündigung nicht versäumen

**Festgeld immer gleich kündigen:** Über das Festgeld kann während der Anlagezeit nicht verfügt werden. Wer sein Kapital so angelegt hat und kurzfristig Geld benötigt, kann das Konto allenfalls beleihen.
Deshalb ist es wichtig, bei der Anlage ausdrücklich eine Kündigung des Festgeldes zum Ablauf der Anlagezeit zu verfügen – Kapital und Zinsen werden dann aufs Girokonto überwiesen.
Wird die Kündigung versäumt, kann das Geld (entsprechend den Geschäftsbedingungen des Instituts) sonst auch ohne ausdrückliche Anweisung für den gleichen Zeitraum noch einmal angelegt werden.

Unwahr sind manchmal die Behauptungen über den Zinssatz für Festgeld. Die Annahme, er richte sich nach dem für aktuelle Sparbriefe, ist zum Beispiel falsch. Sparbriefe werden nämlich mit langen Laufzeiten ausgegeben. Bei niedrigen aktuellen Zinsen (z. B. für Festgelder) ist ihre Verzinsung aber höher, da während der Laufzeit wieder mit Zinssteigerungen zu rechnen ist.

Falsch ist auch die oft vorherrschende Meinung, für längere Festgeld-Anlagen (sechs Monate bis ein Jahr) ließen sich generell bessere Konditionen herausholen. Das aber hängt ganz von der augenblicklichen Zinsentwicklung ab. Ist mit steigenden Zinsen zu rechnen, stimmt es. Dann wird für sechs Monate mehr gezahlt als für drei. Sind sinkende Zinsen zu erwarten, können die Sätze für sechs Monate jedoch auch schon mal um 0,25 bis 0,5 Prozentpunkte unter denen für dreimonatige Anlagen liegen.

Wer meint, mit den von seinem Geldinstitut genannten Zinsen nicht gut bedient zu sein, der sollte einfach mal den Wettbewerb schüren und darauf hinweisen, er ginge zu einem anderen Institut. Meist genügt das schon, um 0,25 bis 0,5 Prozentpunkte mehr zu bekommen. Denn die Erfahrung der Institute lehrt, dass man Stammkunden über schlechte Festgeld-Konditionen besonders leicht verliert.

*Schlechte Festgeld-Konditionen verprellen Bankkunden*

## Festgeld-Zinsen richtig berechnen

Alle von uns und auch von den Instituten genannten Zinssätze sind immer Zinsen p. a. – also Zinsen pro Jahr. Wer 10.000,– DM für drei Monate zu einem Satz von z. B. sechs Prozent anlegt, bekommt deshalb nicht 600,– DM als Ertrag überwiesen – sondern nur den Anteil für ein Vierteljahr, also bei diesem Beispiel nur etwa 150,– DM.

Welche Laufzeit man für Festgeld-Anlagen eingehen sollte, hängt von der eben schon beschriebenen Zinsentwicklung und den zu erwartenden Geldmarktveränderungen ab. Generell lässt sich aber sagen, dass längere Bindungen als zwölf Monate kaum von Vorteil sind. Da lassen sich dann mit festverzinslichen Wertpapieren höhere Zinsen herausholen.

## Aktien

Ein privater Anleger sollte sich nur an der Börse engagieren, wenn er sich selbst ein wenig Gespür zutraut. Zu diesem Gespür gehört vor allem, sich mit wirtschaftlichen Zusammenhängen vertraut zu machen. Wie lange dauert eine Rezessionsphase, wann wird der private Konsum wieder zunehmen, gelingt es, ein marodes Großunternehmen wieder auf Gewinnkurs zu bringen usw.

Was an der Börse passiert, spiegelt die Kursentwicklungen der einzelnen Aktien wieder. Um aber auch schnell einen Trend ansagen zu können, wurden für alle Börsen der Welt so genannte Barometer eingeführt. Für den Deutschen Aktienindex (DAX) werden die Bewegungen der Werte von 30 Standardaktien (u. a. Autohersteller, Versicherungen, Banken, große Industrieunternehmen) ausgewertet. Ähnlich wird an allen Börsen der Welt verfahren – in Amerika zum Beispiel drücken sich die Kursbewegungen großer Firmen im bekannten Dow-Jones-Index aus, in Mailand im BCI-Index, in Tokio im Nikkei-Index.

*Weltweit Indexe für die Spekulationspapiere*

Um eine Verzinsung wie auf dem Sparbuch zu bekommen, müssen die Kurse aber um mindestens vier bis fünf Prozent steigen. Denn bei jedem Kauf und Verkauf von Aktien sind ein Prozent an das Institut zu bezahlen. Die hat man also in jedem Fall verloren. Und auf keinen Fall sollte man nur auf solche Aktien setzen, denen plötzlich von irgendeiner Seite Höhenflüge vorausgesagt werden.

### Manchmal gibt's auch Dividende

Aktien sind Spekulationspapiere. Weil aber der Inhaber eines Unternehmensanteils auch am Gewinn beteiligt werden soll, sind normalerweise Dividendenausschüttungen üblich. Aus der Dividende lässt sich dann die Dividendenrendite nach folgendem Rechenmuster berechnen:

$$\frac{\text{Dividende (in DM/Euro)} \times 100}{\text{Kurswert der Aktie (in DM/Euro)}} = \text{Rendite (in DM/Euro)}$$

Die jeweils erwartete oder angekündigte Dividendenzahlung ist allerdings immer in den Kursentwicklungen enthalten. Wenn zum Beispiel bei einem Unternehmen eine Dividende von zehn Mark pro Aktie erwartet wird und der Vorstand ankündigt, dass nur fünf DM gezahlt werden, wird der Kurs sofort mindestens um diese fünf DM fallen. Das kann innerhalb von Minuten geschehen.

## Ausländische Währungen

Die Anlage in ausländische Währungen ist eine Sache für Spekulanten, denn hier ist das Risiko sehr hoch. Es gleicht einem unsicheren Glücksspiel, wenn man heute sagen will, wie beispielsweise der Dollar in einem halben Jahr steht. Wird der Euro stabil, so ist eher mit einer Abwertung des Dollars zu rechnen, bei einem weichen Euro wird der Dollar-Kurs höher liegen. Wer heute Dollar kauft oder mit Optionsscheinen auf fallende oder steigende Dollarkurse wettet, muss die mögliche Entwicklung des Euros mit einplanen.

*Hellseherische Fähigkeiten gefragt*

## Optionsscheine

Erheblich größer als bei Wandel- und Optionsanleihen oder Aktien ist das Risiko beim Kauf von Optionsscheinen, oft einfach nur als Optionen bezeichnet. Mit dem Kauf erwirbt man das Recht, eine Aktie zu einem bestimmten Zeitpunkt zum Festpreis zu erwerben – unabhängig vom gerade notierten Kurswert. Eigentlich handelt es sich also um eine Wette auf steigende oder fallende Kurse. Denn das Geschäft liegt darin, über die Option Aktien zu niedrigeren als den Kurswerten kaufen zu können – doch so lange warten die meisten Spekulanten gar nicht. Das Geschäft mit Optionsscheinen wird vorher gemacht, weil mit jeder Veränderung des Aktienkurses auch der Wert des Optionsscheines (stärker als der Aktienkurs) zu- oder abnimmt.

*Totalverluste sind möglich*

Wer sich hier verspekuliert, kann sein gesamtes eingesetztes Kapital verlieren. Fällt nämlich der Aktienkurs, wird sich niemand mehr für einen Optionsschein interessieren, der auf eine Kaufoption zu erheblich höherem Preis lautete. Handelte es sich aber um eine Verkaufsoption zu einem hohen Preis, während der Aktienkurs längst in den Keller gerutscht ist, hat sich das Geschäft gelohnt. Wir raten wegen des Risikos von Totalverlusten dringend ab.

## Immobilien

Als sicherste Anlage überhaupt können Immobilien angesehen werden. Denn die Erträge aus dem Wertzuwachs sind – **Kaum** außerhalb der Spekulationsfrist von nunmehr zehn Jahren – **Verluste** steuerfrei, und im Gegensatz zu allen anderen Anlagen sind keine Inflationsverluste zu befürchten. Außerdem werden Käufer und Bauherren vom Staat mit lukrativen Steuervorteilen belohnt.

### Timesharing (Immobilien-Wohnrechte)

Die Verkäufer von so genannten Timesharing-Immobilien warten in vielen Urlaubsorten auf den gutgläubigen Touristen. Die überrumpelten Urlauber sollen als Geldanlage Nutzungsrechte an Ferienwohnungen erwerben. Doch von einer Geldanlage kann man bei diesem Prinzip überhaupt nicht reden, denn die Käufer werden nicht Eigentümer einer Immobilie, sondern sichern sich lediglich ein mehrjähriges Wohnrecht.

Was im ersten Moment vielleicht noch sinnvoll klingen mag, zerplatzt bei näherer Betrachtung wie eine Seifenblase. **Teures** Denn um 15 Jahre lang für jeweils eine oder zwei Wochen **Wohnrecht** (innerhalb eines vorher festgelegten Monats) Ferien in der Anlage machen zu können, müssen 10.000,– bis 30.000,– DM bezahlt werden. Hinzu kommen Instandhaltungs- und Verwaltungskosten, manchmal auch noch »Clubgebühren«. Wie schlecht dieses Geschäft ist, macht eine einfache Rechnung deutlich: Werden 10.000,– DM als Timesharing-Preis für ein 15-jähriges Nutzungsrecht (jährlich eine Woche) an einer 50-m²-Wohnung bezahlt, so betrüge der Preis für ein ganze Jahr (52 Wochen) rund 520.000,– DM. Für jeden Quadratmeter wäre das ein Preis von 10.000,– DM. Dafür wird der Käufer aber noch nicht einmal Eigentümer, sondern nur Nutzungsberechtigter. Schon für den halben Preis aber lassen sich Ferienwohnungen in allen Urlaubsgebieten kaufen. Und die gehören einem dann für immer – nicht nur für 15 oder 20 Jahre.

Ein weiterer Haken bei der Sache: Die Anteile lassen sich hinterher nur mit gewaltigen Verlusten verkaufen. Die Stiftung Warentest spricht von 30 bis 90 Prozent, die der Anleger verliert. Wer einen Vertrag unterschreibt, lässt sich also immer auf ein überteuertes Angebot ohne Gewinnchancen und Sicherheiten ein – auch wenn die Verkäufer ihre Angebote mit allerlei Tricks schönreden und -rechnen.

## Warentermingeschäfte

Spekulieren lässt sich nicht nur mit dem Wert von Unternehmensbeteiligungen oder auf sinkende bzw. steigende Zinsen, sondern auch die Preise für Getreide, Genussmittel, Öle, Fette, Tierprodukte, Fasern, Kautschuk und Energieträger eignen sich für finanzielle Pokerspiele. An speziellen Rohstoff- oder Warenbörsen (etwa in Paris, Chicago, New York oder London) werden die Kurse von Weizen und Mais, Kaffee und Kakao, Sojaöl und Schweineschmalz, Baumwolle und Pfeffer, Kartoffeln und Bauholz, Propangas und Benzin ebenso notiert wie an der Frankfurter Wertpapierbörse die Aktienpreise von VW, Deutscher Bank oder Siemens. Wer sich an Warentermingeschäften beteiligt, schließt Wetten auf steigende oder fallende Kurse ab. Denn er verpflichtet sich, zu einem bestimmten Datum eine bestimmte Menge der Ware zu einem vorher festgelegten Preis zu erwerben. Das kann ein Bombengeschäft sein, wenn der zu bezahlende Preis weit unter dem Marktwert liegt. Die Spekulation kann aber auch zum finanziellen Fiasko werden.

Die Tücken solcher Geschäfte liegen aber nicht nur in der Spekulation selbst, sondern auch in der Abwicklung. Viele deutsche Geldanleger wurden schon von unseriösen Maklern mit Warentermingeschäften übers Ohr gehauen, durch abgerechnete und gar nicht ausgeführte Geschäfte ebenso wie mit völlig überzogenen Provisionen. Weil es sichere

*Waren-spekulation*

*Unübersichtlicher Markt*

Warentermingeschäfte überhaupt nicht gibt und der Markt auch im Vergleich zu anderen Spekulationsgeschäften am unübersichtlichsten ist, muss sicherheitsbewussten Anlegern dringend abgeraten werden.

## JEDE GELDANLAGE KOSTET GEBÜHREN

Unabhängig von dem Erfolg aufgrund der Ratschläge der Kreditinstitute: Banken und Sparkassen verdienen an jedem Geschäft auf jeden Fall. Die zu erzielenden Erträge aus einer Geldanlage werden immer um Gebühren und Spesen verringert. Und da halten einige Institute gewaltig die Hand auf.

### Aktien

Bei Kauf und Verkauf werden jeweils etwa ein Prozent des Kurswertes berechnet. Manche Institute verlangen allerdings eine Mindestgebühr bis zu 50,– DM. Hinzu kommen manchmal noch bis zu 20,– DM, wenn Kauf oder Verkauf an ein Limit gebunden werden, also wenn der Ankauf mit Ansage eines Höchstkurses oder der Verkauf nicht unter einem angesagten Mindestkurs erfolgen soll. Zusätzlich können noch Spesen anfallen. Außerdem kommen für die Verwaltung der Aktien auf dem Depotkonto noch einmal 0,05 bis 0,17 Prozent des Kurswertes oben drauf. Für Auslandsaktien, die in Deutschland gehandelt und hier gekauft werden, sind geringfügig höhere Gebühren zu bezahlen.

*Ein Prozent des Kurswertes zzgl. Depotkosten und Spesen*

### Festgeldanlagen

Meistens wird das Festgeldkonto gebührenfrei geführt. Es gibt aber auch Institute, die dafür ein Unterkonto einrichten, für das dann etwas berechnet wird. Fragen Sie vorsichtshalber nach, und verlangen Sie eine kostenlose Führung.

### Festverzinsliche DM-Wertpapiere

Neuemissionen, also druckfrische Wertpapiere, können ohne finanziellen Aufschlag erworben werden. Wer aber bereits in Umlauf befindliche Wertpapiere kaufen will, muss dafür Provision und Maklercourtage bezahlen. Diese Vermittlungsgebühr liegt zwischen 0,5 und 1 Prozent des Nennwertes der jeweiligen Papiere, bei Anleihen über 20.000,– DM also zwischen 100,– und 200,– DM.

Provision, Makler-courtage und Depot-gebühren

Einige Institute verlangen bei Käufen mit geringem Umfang auch eine Mindestgebühr zwischen 10,– und 50,– DM. Die Gebühren für ein Depotkonto zur Verwaltung der Papiere betragen pro Jahr durchschnittlich 0,1 bis 0,125 Prozent des Kurs- oder Nennwertes. Manche Institute verlangen aber auch bis zu 0,6 Prozent, während andere die kostenlose Verwaltung anbieten.

## Festverzinsliche Fremdwährungs-Wertpapiere

Zu den Kosten, die auch beim Kauf von in Umlauf befindlichen DM-Wertpapieren zu bezahlen sind, werden noch die Gebühren der Bank im Ausland und ein Aufschlag für den Devisentausch berechnet – das summiert sich auf durchschnittlich ein bis zwei Prozent des Anlagebetrages. Wer direkt bei der deutschen Filiale einer Auslandsbank kauft, kann die doppelten Bankgebühren vermeiden und die Hälfte der Kosten sparen.

## Investmentfonds

Die Ausgabeaufschläge, also die Differenz zwischen Verkaufs- und Rücknahmepreis, betragen bei Rentenfonds durchschnittlich drei, bei Aktien- und Immobilienfonds fünf Prozent. Hinzu kommen noch mal 0,5 bis 1 Prozent für die laufende Verwaltung auf dem Depotkonto.

## Sparbuch

Normalerweise ist nur für die Auflösung des Kontos eine Bearbeitungsgebühr (meistens fünf bis zehn DM) zu bezahlen, die Kontoführung und die Eröffnung sind gebührenfrei.

Nur die Auflösung verursacht Kosten

Nun mögen die Kosten der Geldanlage vielleicht gering erscheinen, weil einige Posten sogar noch unter einem Prozent liegen. Bei höheren Anlagebeträgen aber addieren sie sich zu Beträgen, die nicht unterschätzt werden dürfen.

## Geld sparen bei den Gebühren – so geht's

Welche Papiere die besten sind, hängt natürlich zunächst einmal von der Rendite ab.

Andererseits aber muss auch daran gedacht werden, dass Nebenkosten (durch Spesen bei Kauf oder Verkauf, Konto- und Depotgebühren) den Effektivzins noch einmal unter die mit unserer Formel zu berechnende Rendite drücken können. Wichtig ist deshalb:

Neue Papiere der öffentlichen Hand und der Geldinstitute werden ohne Gebührenaufschlag verkauft. Erst wenn die Papiere an der Börse gehandelt werden und man sie dort kaufen lässt, fallen bis zu ein Prozent Spesen, Maklerprovision und Gebühren an.

**Kostenlose Verwaltung öffentlicher Papiere** Kosten entstehen auch für die Verwaltung der Papiere über ein Depotkonto bei Bank oder Sparkasse. Wer die sparen will, kann kostenlos alle Bundeswertpapiere bei der Bundesschuldenverwaltung in Bad Homburg, Telefon: 0 61 72/10 80, verwalten lassen.

Über die kostenlose Verwaltung der Bundeswertpapiere gibt es ein Merkblatt, das bei allen Banken und Sparkassen vorhanden ist – manchmal wird es aber nicht ohne ausdrücklichen Wunsch herausgegeben.

Beschwerden über diesen Trick der Institute kommen häufig vor: Sie wollen lieber selbst verwalten und dafür kassieren. Wer diese Erfahrung bei seinem Institut macht, sollte sich sofort bei der Bundesschuldenverwaltung (Telefon siehe oben) darüber beschweren.

# VERSICHERUNGEN ALS ANLAGE-ALTERNATIVE

Eine Alternative zu den bereits skizzierten Anlagemöglichkeiten sind die Kapitallebensversicherung, die fondsgebundene Kapitallebensversicherung und die private Rentenversicherung, die wir Ihnen alle drei hinsichtlich ihrer möglichen Rendite vorstellen.

## Kapitallebensversicherung

Kapitallebensversicherungen sind als Geldanlage nicht der allerbeste Tipp. Mit einer Risikolebensversicherung (als Hinterbliebenenschutz) und anderen, lukrativeren Geldanlagen verdient man meistens mehr. Welche Geldanlagen das sein können, haben wir bereits ausführlich beschrieben. Und trotzdem: In fast jedem deutschen Haushalt gibt es mindestens eine Kapitallebensversicherung. Dahinter steckt eine Mischung aus Risikolebensversicherung und Sparvertrag. Und das macht nicht viel Sinn, weil man sich gegen das Todesfallrisiko recht preiswert mit der Risikopolice absichern kann und das praktisch als Spargeld eingezahlte Kapital nur eine eher lausige Verzinsung bringt

### Expertentipp

Anders als bei normalen Geldanlagen weiß der Versicherungsnehmer bei einer Kapitallebensversicherung vorher nicht, wie viel Zinsen er wirklich auf sein eingezahltes Kapital bekommt. Garantiert ist nur eine geringe Rendite.

Garantiert ist nur eine geringe Rendite

Garantierte Rendite sind nur 3,5 Prozent – das ist etwas mehr als auf dem Sparbuch. Hinzu kommen 1,5 Prozent als Direktgutschrift aus den Jahresüberschüssen. Die versprochene Rendite liegt bei vielen Gesellschaften bei sieben und mehr Prozent – was gemessen an anderen risikolosen Geldanlagen gar nicht schlecht wäre. Aber solche Prognosen sind fast immer unzutreffend und unseriös. Denn kein Versicherer weiß vorher, wie seine Geschäfte laufen. Wirkliche Renditen wurden über längere Zeiträume mit verschiedenen Untersuchungen ermittelt: zwischen fünf und etwa sieben Prozent, wobei viele Gesellschaften aber unter der Sechs-Prozent-Marke bleiben.

Um zum Vertragsablauf eine Viertelmillion DM kassieren zu können, müssen auch bei den günstigsten Versicherern fast 30 Jahre lang rund 250,– DM monatlich eingezahlt werden.

Und den großen Geldsegen gibt es natürlich zum Vertragsende nur, wenn der Beitrag ohne Unterbrechungen immer pünktlich gezahlt wird. Wer wegen Krankheit oder Arbeitslosigkeit mal aussetzen oder den Vertrag verändern will, riskiert hohe Verluste. Und wer vorzeitig an sein Geld will, wird nur mit einem bescheidenen Rückkaufswert abgespeist. Deshalb sollte die Versicherungssumme von vornherein niedrig gewählt werden. Dann sind auch die Beiträge niedrig. Und die Laufzeit (ab 12 Jahre) sollte in einem überschaubaren Rahmen bleiben. Es ist unsinnig (und dient nur den Gesellschaften), als Ablaufdatum automatisch den 65. Geburtstag zu wählen. Die meisten scheiden früher aus dem Berufsleben aus. Und schaden könnte es auch nicht, schon zum 45. Geburtstag die erste kleine und dann noch ein paar weitere Lebensversicherungen ausgezahlt zu bekommen.

*Krankheit oder Arbeitslosigkeit führt zu Verlusten*

Kleine Verträge mit kürzeren Laufzeiten bringen mehr Flexibilität und verringern Risiken (Arbeitslosigkeit, Krankheit), die den Fortbestand eines großen Vertrages gefährden können.

*Dynamische Prämien nur bis 45*

Dynamische Prämien (also steigende Beiträge) werden oft angepriesen, um den Inflationsverlust auszugleichen. Aber: Wegen eines komplizierten Berechnungssystems lohnt sich die Dynamik nur bis zum 45. Lebensjahr, danach wirkt sich der monatliche Mehrbeitrag kaum noch auf die Höhe des auszuzahlenden Betrages aus.

Auch die Darlehen der Versicherungsgesellschaften, etwa zur Baufinanzierung, oft als weiteres Argument herausgestellt, sind für Normalverdiener meist uninteressant. Nur bei weit über dem Durchschnitt liegenden Einkommen, bei einem vorhandenen größeren Vermögen oder im Hinblick auf geplante Immobilieninvestitionen mit Versicherungsdarlehen lassen sich wirklich Vorteile herausholen – aber das sollte man sich erst vom Steuerberater durchrechnen lassen.

### Die fondsgebundene Kapitallebensversicherung

Von einer fondsgebundenen Kapitallebensversicherung raten wir dringend ab. Hier wird die ohnehin schon magere Rendite riskiert, weil nämlich der Sparanteil der monatlichen

Prämienzahlungen in Investmentfonds für Immobilien, in Aktien oder festverzinslichen Wertpapieren (Renten) angelegt wird. Damit sich das lohnt, müssten die Investmentfonds über Jahre hinweg immer eine jährliche Wertsteigerung von zehn Prozent melden – das aber hat in der Vergangenheit noch nie funktioniert. Im Gegenteil: Manche Fondsanleger haben durch Kurseinbrüche sogar Geld verloren.

## Private Rentenversicherung

Sie funktioniert ähnlich wie Kapitallebensversicherungen. Eigentlich handelt es sich aber nur um eine Art Sparvertrag, denn im Todesfall gibt es keine Auszahlung einer vorher vereinbarten und garantierten Summe wie bei Risiko- und/oder kombinierter Kapitallebensversicherung. Bei der Rentenversicherung werden im Todesfall die bis dahin gezahlten Beiträge entweder von der Gesellschaft eingestrichen, oder sie werden, je nach Vertrag, an die Erben ausgezahlt. Wegen des bei der Kalkulation nicht zu berücksichtigenden Todesfallrisikos gibt es höhere Renditen: etwa ein Prozent mehr als bei der Kapitallebensversicherung. Um die sieben Prozent herum dürften sicher sein, auch wenn manche Gesellschaften von bis zu 7,6 Prozent sprechen. Und steuerfrei ist die Auszahlung der Rentenversicherung außerdem (bei zwölf Jahren Mindestlaufzeit). Trotzdem sind die Rentenversicherungen nur bedingt empfehlenswert – es gibt keine Flexibilität bei den Zahlungen. Wer zwischendurch aussetzen will oder muss, mal mehr oder mal weniger einzahlen möchte, riskiert nicht zu kalkulierende Verluste.

*Keine Flexibilität bei den Zahlungen*

# RECHTSSTREIT UMS GELD

Die vielen verbraucherfreundlichen Urteile in der Auseinandersetzung mit Kreditinstituten zeigen deutlich: Man muss sich als Verbraucher von seiner Bank oder Sparkasse nichts gefallen lassen, was dem Gesetz widerspricht.

Unter unzulässige Bankgebühren fallen auch Gebühren für Barabhebungen. Wer sich darauf nicht einlässt und gegen diese Gebührenerhebung vorgeht, z. B. mit juristischen Schritten droht, handelt richtig. Denn Banken scheuen die Kritik der Öffentlichkeit. Sie wollen um jeden Preis seriös erscheinen.

**Keine Gesetzwidrigkeiten seitens der Bank akzeptieren**

Vor allem mögen Banken keine Prozesse führen, wenn sie sich des Sieges vor Gericht nicht absolut sicher sind. Und in vielen Fällen können sie nicht sicher sein, weil Richter die Raffgier der Geldinstitute durchschauen. Ein verlorener Prozess aber löst immer eine Lawine aus. Er wird zum Präzedenzfall, und den wollen die Geldinstitute natürlich um fast jeden Preis vermeiden.

Leider ist es aber häufig so, dass viele Kunden sich nicht trauen, auf ihr Recht zu bestehen, denn sie befürchten Maßnahmen seitens des Kreditinstituts wie Kontensperrung oder Kreditkündigung. Und tatsächlich gibt es Geldinstitute, die ihren Kunden mit solchen unzulässigen Schritten drohen.

### Expertentipp

Streiten Sie niemals allein. Lassen Sie sich von Verbraucherorganisationen beraten.

Wann immer Ihnen etwas im Umgang mit Banken und Sparkassen, Bausparkassen oder Versicherungen merkwürdig vorkommt, Sie einfach eine Überprüfung für angebracht halten, sollten Sie einfach die nächste Verbraucherzentrale (Adresse aus dem Branchenbuch »Gelbe Seiten« oder dem Telefonbuch) einschalten.

Auf gar keinen Fall aber sollte man sich dadurch beeindrucken lassen, dass Geldinstitute auf ihre Geschäftsbedingungen hinweisen, die man als Kunde irgendwann einmal akzeptiert hat. Auch da haben Gerichte reihenweise ungültige Klauseln entdeckt.

## UNZULÄSSIGE GESCHÄFTSBEDINGUNGEN IN VERTRÄGEN

In den Verträgen von Banken und Sparkassen verstecken sich zahlreiche Geschäftsbedingungen, die dort nicht stehen dürfen und deshalb unwirksam sind. Wir haben einige von denen beispielhaft zusammengestellt:

▶ **Abtretung:** Unwirksam ist eine Klausel, nach der der Kreditgeber von einer Abtretung Gebrauch machen darf, wenn er es für notwendig hält (OLG Nürnberg, NJW 1981, 2657).

▶ **Anspruchsübergang:** Unwirksam ist eine Klausel, nach der Rechte des Gläubigers auf den Bürgen erst dann übergehen, wenn alle sonstigen Ansprüche des Gläubigers gegen den Schuldner befriedigt sind – jedenfalls dann, wenn sich die Bürgschaft nicht auch auf diese Ansprüche bezieht (BGH, NJW 1985, 614).

*Rechte des Bürgen wahren*

*Beispiel: Wenn ein Bürge in Anspruch genommen wird, kann er sich das Geld vom Schuldner, für den er gebürgt hat, zurückholen. Dazu muss dieser Anspruch vom Gläubiger auf den Bürgen übergehen, der in Anspruch genommen worden ist. Wenn der Bürge nur für Kredit Nummer 1 gebürgt hat, kann der Gläubiger nicht bestimmen, dass Rechte gegen den Gläubiger erst dann auf den Bürgen übergehen, wenn auch Ansprüche des Gläubigers gegen den Hauptschuldner aus Kredit 2 befriedigt sind.*

▶ **Ausweitung:** Unwirksam ist die Klausel, nach der die für einen Kredit gegebene Bürgschaft auf alle gegenwärtigen und künftigen Forderungen des Kreditgebers ausgedehnt wird (BGH, NJW 94, 2145).

197

▶ **Bearbeitungsgebühren:** Unzulässig sind Klauseln, nach denen Bearbeitungsgebühren und Schätzkosten auch bei Nichtzustandekommen des Kreditvertrages anfallen (LG Köln, ZIP 80, 981; LG Stuttgart, NJW-RR 92, 380).

▶ **Erlöschen der Forderung:** Unwirksam ist die Klausel, nach der die Bürgschaft nicht mit der Forderung aus der Hauptschuld erlischt, für die sich der Bürge verbürgt hat (Brandner, Kötz – Münchner Kommentar § 9 AGBG Rn 50).

▶ **Kontoauflösung:** Unwirksam ist die Klausel einer Bank, die den Kunden verpflichtet, bei Beendigung der Geschäftsverbindung verbliebene Verbindlichkeiten mit dem für ungenehmigte Kontokorrentkredite geltenden Zinssatz zu verzinsen (AG Baden-Baden, MDR 86, 148).

Pauschale
Überziehungs-
gebühren

▶ **Kreditkarten-Überziehung:** Unwirksame Bestimmungen, die pauschale Überziehungsgebühren für Fälle nicht fristgerechter Zahlung festlegen (BGH, NJW 94, 1532).

▶ **Lohnabtretung:** Unwirksam ist die Lohnabtretungsklausel in den AGB der Banken, wenn nicht ganz konkret und unmissverständlich beschrieben ist, wann die Bank von der Abtretung Gebrauch machen darf, sowie wenn in mehr als vernünftiger Weise schutzwürdige Belange der Banken geschützt werden (BGHZ, 108, 98; OLG Nürnberg, NJW-RR 1990, 1461).

Pro Mahnung
acht Mark

▶ **Mahngebühren:** Unwirksam ist die Klausel einer Bank, nach der pro Mahnung eine pauschale Gebühr von acht DM berechnet wird (AG Fürth, NJW-RR 86, 154).

▶ **Rechtseinschränkung:** Unwirksam sind Klauseln, nach denen sich der Bürge nicht auf Rechte wie Anfechtung und Aufrechnung berufen kann, auf die sich der Hauptschuldner berufen könnte (BGH, NJW 1986, 43).

▶ **Sicherungsleistung:** Unwirksam ist eine Klausel, die den Bürgen verpflichtet, dem Gläubiger ein Sicherungsrecht (Pfandrecht, Abtretung etc.) vor Fälligkeit der Bürgschaftsschuld einzuräumen (BGH, NJW 1991, 100). Unwirksam ist ferner die Klausel, nach der der Bürge verpflichtet ist, für seine Bürgschaft eine vom Gläubiger akzeptierte Sicherheit zu leisten (BGHZ, 92, 295).

▶ **Verzugsschaden:** Unwirksam ist eine Klausel, nach der bei Verzug als Schadensersatz der vereinbarte Effektivzins verlangt werden kann. Das gilt auch für eine Bestimmung, dass für die erste Mahnung 5,– DM, für die zweite 7,50 DM und für die dritte 10,– DM zusätzlich zu zahlen sind (OLG Frankfurt, MDR 85, 764).

▶ **Verzugszinsen:** Unwirksam ist eine Zinsklausel mit Verzugszinsen von vier Prozent über dem Diskontsatz der Deutsche Bundesbank (OLG Hamm, NJW-RR 86, 1179).

▶ **Verzugszinsen:** Unwirksam ist eine Klausel, die einen Verzugszins von 21 Prozent vorsieht. Der infolge des Verzugs des Darlehensnehmers zu erwartende Schaden der Bank liegt regelmäßig nur in den Kosten, die ihr durch die Refinanzierung entstehen (Hanseatisches Oberlandesgericht Hamburg, NJW-RR 87, 1449). | 21 Prozent Verzugszinsen

▶ **Zahlungsverzug:** Unwirksam ist in Bankbedingungen und Bedingungen von Kreditkartenunternehmen die folgende Klausel: »Unterbleibt die Zahlung des Mindestbetrages, so wird eine Überziehungsgebühr von 5,– DM monatlich erhoben. Ist die Zahlungsfrist abgelaufen, so sind – ab Datum der Saldenmitteilung – Zinsen in Höhe von 1,15 Prozent monatlich (effektiver Jahreszins 14,71 Prozent) auf den ausstehenden Betrag zu entrichten. Das Vertragsverhältnis kann von beiden Vertragspartnern jederzeit ohne Einhaltung einer Frist schriftlich gekündigt werden. Die Bank erteilt monatlich eine Saldenmitteilung. Diese gilt als zugegangen, wenn sie an die zuletzt vom (Haupt-)Karteninhaber angegebene Anschrift versandt worden ist.« (OLG Frankfurt, ZIP 93, 665)

**Wichtig:** Die Geschäftsbedingungen prüfen, denn nicht alle Klauseln, auf die sich die Geldinstitute in ihren Allgemeinen Geschäftsbedingungen berufen, sind für Sie auch bindend.
Manchmal genügt ein Anruf bei Verbraucherschützern, um die Rechtmäßigkeit der Forderungen zu klären.

## EIN ZEUGE IST WICHTIG BEI BANKGESCHÄFTEN

Gedruckte Geschäftsbedingungen lassen sich leicht überprüfen. Ob der Bank aber im Einzelfall falsches Verhalten und Verschulden vorgeworfen werden kann, hängt von der Beweislage im jeweiligen Fall ab.

Aus diesem Grund sollten Sie immer schriftliche Unterlagen verlangen, in denen Zusagen bestätigt werden, und nie allein in eine Bank gehen.

Zeuge darf nicht im Vertrag auftauchen

**Achtung:** Als Zeuge kann nur jemand aussagen, der nicht mit Ihnen zusammen einen Vertrag mit der Bank unterschrieben hat, denn sonst scheidet er aus, weil er im Rechtsstreit als Partei gilt.

Das gilt auch bei allen anderen Geldgeschäften. Denn die ständige Rechtsprechung verlangt, dass unerfahrenen Kunden Zusammenhänge richtig erklärt und riskante Geschäfte erläutert werden. Das ist jedoch in der Praxis leider nicht immer der Fall.

Will man dem Kreditinstitut ein Verschulden nachweisen, sollten die Beweise rechtzeitig gesammelt und Zeugen benannt werden.

## SO STREITEN SIE RICHTIG

Bevor eine Klage gegen das Kreditinstitut angestrengt wird, sollte man bereits alle anderen Möglichkeiten ausgeschöpft haben. Denn bei Streitwerten ab 10.000,– DM benötigt man auf jeden Fall einen Anwalt. Und es müssen Vorschusszahlungen für Gerichtskosten geleistet werden. Das geht immer ins Geld.

Deshalb sollte man erst einmal die folgenden drei genannten Schritte vornehmen.

## 1. Schritt

Versuchen Sie, mit den Geldinstituten oder Versicherungen zu verhandeln. Und zwar nicht nur mit dem Sachbearbeiter. Denn der will weiterkommen, auch mal befördert werden und wird deshalb meist härter auftreten und weniger Einsicht zeigen. Haben Sie keine Scheu, sich an die höheren Instanzen des Unternehmens zu wenden – wenn es sein muss bis hin zum Vorstand.

*Zuerst in Verhandlungen treten*

Außerdem kann man sich auch bei staatlichen Stellen und Kontrollgremien beschweren, wenn man im direkten Gespräch nicht weiterkommt und meint, dass da etwas nicht korrekt zugeht. Diese Stellen bitten dann das Institut um Klärung – und zwar über den Vorstand. Da können Sie also sicher sein, dass schnell gearbeitet wird. Zuständig für alle Beschwerden über Geldinstitute und -geschäfte ist das

*Beschwerdestellen einschalten*

> *Bundesaufsichtsamt für das Kreditwesen*
> *Reichpietschufer 74*
> *10785 Berlin*
> *Telefon 0 30/25 00 40*

Wenn es zum Streit mit Banken kommt, hilft die um Schlichtung und Vermittlung zwischen Instituten und Kunden bemühte

> *Beschwerdestelle*
> *Bundesverband deutscher Banken*
> *Mohrenstraße 35–41*
> *50670 Köln*
> *Telefon 02 21/1 66 30*

Wenn es um reine Versicherungsangelegenheiten geht oder um Kredite, die im Zusammenhang mit Versicherungen bzw. bei den Versicherungsgesellschaften direkt aufgenommen wurden, ist die zuständige Stelle das

> *Bundesaufsichtsamt für das Versicherungswesen*
> *Ludwigkirchplatz 3–4*
> *10719 Berlin*
> *Telefon 0 30/8 89 31*

Manchmal lässt sich die Angelegenheit schon aus der Welt schaffen, wenn man eine dieser Stellen einschaltet.

## 2. Schritt

Hilfe gibt es ebenfalls bei allen Verbraucherverbänden. Dort kann man sich auch vor dem Abschluss von Verträgen beraten lassen (manchmal gegen Unkostenbeitrag) und sich Musterrechnungen aufstellen oder Angebote kontrollieren lassen. Zum Teil wird eine Haushaltsberatung angeboten, mit der man seine Finanzen langfristig in den Griff bekommt. Und schließlich gibt es dort zum Teil auch Schuldenhelfer. In manchen Fällen schalten die Verbraucherberatungsstellen weitere Institutionen ein, zum Beispiel den Verbraucherschutzverein, der gegen unlauteren Wettbewerb vorgeht. Wo man die nächste Beratungsstelle findet, erfährt man im örtlichen Telefonbuch.

*Verträge und Musterrechnungen*

## 3. Schritt

Unabhängig davon, ob Sie sich vorher an eine der eben genannten Stellen gewandt haben, können Sie jederzeit auch die Hilfe von Anwälten und Gerichten in Anspruch nehmen. Eventuell können Sie nämlich kostenlose Prozess- oder Beratungskostenhilfe bekommen:

*Wann der Staat den Anwalt bezahlt*

Zunächst können Sie Beratungskostenhilfe beantragen. Wenden Sie sich an das für Sie zuständige Amtsgericht (Geschäftsstelle), und nehmen Sie Einkommens- und Verdienstbescheinigungen, Renten- oder Versorgungsbescheide mit. Die Hilfe wird gewährt, wenn der Rechtsstreit Aussicht auf Erfolg verspricht und die jeweils geltende Höchstgrenze beim Nettoeinkommen (abhängig von Familiengröße) nicht überschritten wird. Wenn die Beratung zu keinem Ergebnis führt, kann danach Prozesskostenhilfe beantragt werden. Die bekommt manchmal auch, wer mehr verdient – ein Teil des Geldes wird aber nur als Darlehen gewährt.

*Beratungs- und Prozesskostenhilfe*

*Wenn Sie einen Anwalt bezahlen*

Mit einer Rechtsschutzversicherung kommen Sie oft ganz umsonst davon. Wenden Sie sich an die Versicherung, und bitten Sie um Kostenübernahme. Erst danach (!) gehen Sie

*Rechtsschutzversicherung*

zu einem Anwalt Ihrer Wahl oder zu einem Anwalt, den Sie sich von der Versicherung oder der Anwaltskammer haben nennen lassen.

Wer keine solche Versicherung abgeschlossen hat und den Anwalt selbst bezahlen muss, sollte ihn zunächst nach den Kosten der Beratung fragen. Alle Anwälte arbeiten nach der Bundesrechtsanwaltsgebührenordnung. Die Juristen dürfen also nicht verlangen, so viel sie wollen. Eine normale Beratung kostet zwischen 20,– und 335,– DM. Die Kosten für eine außergerichtliche Vertretung und für einen Prozess richten sich nach dem Wert der Sache oder nach dem Betrag, worum gestritten wird.

Gebühren-
ordnung für
Anwälte

Die Gebühr wird immer in Zehntel aufgeteilt, ausgehend von einer vollen Gebühr (10/10). Für mündlichen oder schriftlichen Rat bekommt der Anwalt 1/10 bis 10/10 der vollen Gebühr. Bei Alltagsfällen werden normalerweise 2/10 bis 5/10 einer vollen Gebühr berechnet. Hat Ihr Anwalt Sie nicht nur beraten, sondern auch Briefe geschrieben und vielleicht mit dem Gegner telefoniert, dann fällt die Geschäftsgebühr an, die 5/10 bis 10/10 der vollen Gebühr beträgt.

Kommt es zum Prozess, können die Gebühren explodieren. Denn dann müssen Sie als Kläger Gerichtsgebühren vorschießen. Und wenn Sie verlieren sollten, muss auch noch der gegnerische Anwalt bezahlt werden. Deshalb: Lassen Sie sich das Prozesskostenrisiko vom Anwalt vorrechnen. Aber vielleicht geht's ja auch ganz ohne Prozess.

**Hinweis für unsere Leser**

Alle Empfehlungen und Rechenbeispiele in diesem Buch basieren auf den Erkenntnissen sowie der Gesetzeslage zum Zeitpunkt des Redaktionsschlusses (Juni 1999) und wurden mit der größtmöglichen Sorgfalt zusammengestellt. Dabei wurde darauf geachtet, dass die gewählten Beispiele allgemein übertragbar sind. Weil sich im Einzelfall und durch Änderungen von Gesetzen und Vorschriften eventuell andere Umstände ergeben können, ist jedoch eine Haftung von Autoren, Produzent und Verlag für Vermögensschäden aus der Anwendung der hier erteilten Ratschläge ausgeschlossen.

Konzept und Realisation: Livingston Media, 20148 Hamburg

Der Südwest Verlag ist ein Unternehmen der
Verlagshaus Goethestraße GmbH & Co. KG.
© 1999 Verlagshaus Goethestraße GmbH & Co. KG, München
Alle Rechte vorbehalten.
Nachdruck – auch auszugsweise – nur mit Genehmigung
des Verlages.

Redaktion: Cornelia Osterbrauck
Projektleitung: Dr. Harald Kämmerer
Redaktionsleitung: Dr. Reinhard Pietsch
Umschlag: Till Eiden
Herstellung: H + G Lidl, München
DTP/Satz: Fotosatz Völkl, Puchheim
Printed in Italy

Gedruckt auf chlor- und säurefreiem Papier

ISBN 3-517-06027-5

# REGISTER